KB123697

칼 야스퍼스의 『니체와 기독교』 읽기

세창명저산책_044

칼 야스퍼스의 『니체와 기독교』 읽기

초판 1쇄 인쇄 2016년 5월 10일
초판 1쇄 발행 2016년 5월 20일
–
지은이 정영도
펴낸이 이방원
기획위원 원당희
편집 윤원진·김명희·이윤석·안효희·강윤경·김민균
디자인 손경화·박선옥
마케팅 최성수
–
펴낸곳 세창미디어
출판신고 2013년 1월 4일 제312-2013-000002호
주소 03735 서울시 서대문구 경기대로 88 냉천빌딩 4층
전화 02-723-8660   팩스 02-720-4579
이메일 sc1992@empal.com
홈페이지 http://www.sechangpub.co.kr/
–
ISBN 978-89-5586-423-6 03160

© 정영도, 2016

_ 이 책에 실린 글의 무단 전재와 복제를 금합니다.
_ 책 값은 뒤표지에 있습니다.

이 도서의 국립중앙도서관 출판시도서목록(CIP)은 서지정보유통지원시스템 홈페이지(http://seoji.nl.go.kr)와
국가자료공동목록시스템(http://www.nl.go.kr/kolisnet)에서 이용하실 수 있습니다.
CIP제어번호: CIP2016011313

Karl
JASPERS

세창명저산책_044

정영도 지음

칼 야스퍼스의 『니체와 기독교』 읽기

세창미디어
MEDIA

머리말

 야스퍼스는 우리가 니체의 저서를 읽을 때 몇 가지 고려해야 할 근본적인 유의 사항들을 알려 준다.

 첫째, 니체의 저서들이 오랫동안 정신적 질병의 그림자 속에서 창작되었다는 사실을 무시한 채 니체의 모든 것을 무조건 진리로 받아들여서는 안 된다.

 둘째, 니체가 정신질환에 시달렸다는 근거에서 그의 저서 전체를 병적 의식의 산물로 간주하여 폄하해서도 안 된다.

 그러므로 우리가 니체의 저서들을 대할 때 신중하고 객관적인 태도를 견지해야 한다고 야스퍼스는 역설한다. 야스퍼스가 경고한 바와 같이 이러한 두 가지 유의 사항을 니체의 저서들을 읽는 근본태도로 체득할 경우, 우리는 니체의 본래적 사유에 접근할 수 있다.

 더욱이 야스퍼스는 니체의 인간과 철학을 바르고 진실되게 이해하기 위해서도 니체의 저서를 읽을 때와 마찬가지로 냉철하고 신중한 태도를 갖추어야 한다고 주장한다. 구체적으로 말해서 이 시대가 고뇌하고 있는 니힐리즘Nihilism 즉 니체가 한 시대에 앞서서 선구적으로 감지하고 체험했던 정신의 아픔을 우리가 온몸으로 감지할 때만이 니체의 인간과 철학에 대한 실존적인 이해가 가능해진다. 따라서 우리가 영혼으로 니체에게 다가가 그와 동일한 아픔을 함께 나누어 가진다면, 우리는 스스로 제물이 되어 시대의 정신적 위기를 고뇌하는 예외자例外者, Ausnahme 니체의 모습을 감동적으로 체험할 수 있다.

야스퍼스에 의하면 니체는 종래의 가치체계에 의지하여 사유하고 행위하는 것을 거부하고 기존의 철학적·문화적 토대를 파괴하며 새로운 세계를 향해 나아가는 역동적인 행위를 시도하는 데 주저하지 않았다. 그러한 심각한 사유와 역동적인 행위를 철학적으로 언표한 것이 바로 "신神은 죽었다"는 니체의 선언이다. 이 철학적 언표에는 서양의 역사를 데카당화(퇴폐화)함으로써 니힐리즘의 싹을 틔운 서양의 전통적인 형이상학과 기독교에 대한 강력한 부정이 내포되어 있다. 특히 그것은 기독교에 대한 '죽음의 전쟁Todkrieg'을 선포한 절규를 뜻하는 것이기도 하다. 니체는 이 선포에 따라 기독교에 대항하여, 오이겐 비저Eugen Biser의 말과 같이, 생애 내내 살인광란적 공격을 감행했다. 니체의 이러한 기독교 비판은 예수에 대한 잔혹한 공격으로 간주되기도 한다.

그러나 야스퍼스의 니체 사유와 이해로 말미암아 니체의 기독교는 새로운 국면으로 해석되었다. 야스퍼스는 니체가 비판하고 공격한 기독교, 즉 예수의 사상을 왜곡한 사도 바울Paulus의 위작僞作에서 비롯된 이른바 '역사적 기독교'와 '인간 예수의 사랑의 정신 및 현실적 삶에 대한 강한 긍정의 토대 위에서 창출된 기독교'는 전혀 다르다는 것을 그의 저서 『니체―그의 철학함을 위한 입문Nietzsche – Einführung in das Verständnis seines Philosophierens』과 『니체와 기독교Nietzsche und das Christentum』에서 분명히 밝히고 있다.

니체는 바울의 기독교를 가혹하게 공격하면서도 예수에 대해서는 공격의 화살을 겨누지 않는다. 니체는 오히려 예수의 무저항주의를 비판하는 가운데서도 예수의 인간적 면모를 존경하고 있다. 더 나아가서 니체는 예수의 생활실천,

사유태도, 언표의 스타일, 즉 잠언·은유·비유의 스타일을 모방하고 있다. 따라서 니체는 기독교의 인간학적 전회를 실현하기 위해 스스로 바울의 기독교, 즉 '비원시적 기독교'를 때려 부수는 바보 역할을 떠맡는다. 이 역할을 위해서 니체는 궁중의 익살광대der Hofnarr를 연기한다. 익살광대니 어릿광대der Hanswurst니 하는 역할의 연출을 통해서 니체는 예수와의 동일화를 시도한다.

야스퍼스는 이 모든 해석을 『니체와 기독교』에서 적나라하게 기술하고 있다. 두 권의 니체 연구서를 발표함으로써 그는 니체의 기독교 비판 및 예수와의 동일화라는 니체의 이해와 해석의 새로운 지평을 설정하고 있다.

저자는 이 저술의 완성도를 높이기 위해서 故 박준택 교수의 번역서 『니체와 기독교』(박영사, 1977)와 이진오 박사의 번역서 『니체와 기독교』(철학과 현실사, 2006)를 참고했다. 그들에게 감사를 드린다.

그리고 저자는 니체의 기독교 비판과 예수 이해에 있어 야스퍼스와 입장을 함께하는 (저자의 스승인) 故 오이겐 비저 교수의 『니체의 기독교 비판*Gottsucher oder Antichrist: Nietzsches provokative Kritik des Christentums*』(1990년도에 저자가 번역한 역서) 가운데 일부를 본서에 ('5장 니체의 기독교 비판에 관한 포괄적 개요'라는 주제로) 첨가하였다.

　『칼 야스퍼스의 《니체와 기독교》 읽기』는 단순한 번역서가 아니고, 『니체와 기독교』를 요약하고 해설한 책임을 감안하고 읽어 주었으면 한다.

2016년 5월
저자

| CONTENTS |

일러두기

1. 이 책을 저술함에 있어 『Nietzsche und das Christentum』(R. Piper & Co. Verlag, München, 1985)을 원전으로 삼고 그 내용들을 요약·해설했다.

2. 인용 출처를 약어로 표시한 경우, 175쪽에 원서명을 밝혀 두었다.

1장
니체의 고유한 기독교 성향과
기독교에 대한 니체의 투쟁

야스퍼스는 니체가 지금까지 전례가 없을 정도의 험악한 말로 기독교를 부정하고 배척했다고 말한다. 니체가 역사상 그 누구보다도 심하게 기독교에 대해 저주와 악담을 퍼부었다는 사실은 이미 잘 알려진 역사로 규정되고 있다. 야스퍼스는 이러한 사실을 입증해 주는 니체의 말을 다음과 같이 인용하고 있다.

오늘날 기독교와의 관계에 있어 애매한 태도를 취하고 있다고 생각되는 사람에게 나는 아랑곳하지 않으련다. 이 경우 올바른 대답으로서는 무조건적인 거부만이 있을 뿐이다. _XVI, 480

야스퍼스에 의하면 니체는 때로는 반항적이면서 경멸적인 언어로 기독교를 공격하기도 하고 때로는 고요한 학술적 탐구와 풍자적인 문체로 기독교의 가면을 벗기고 있다. 니체는 비상한 정도의 다양한 관점에서 기독교가 안고 있는 문제점이며 실상을 적나라하게 들추어낸다.

야스퍼스에 의하면 니체는 기독교에 대한 종래의 비판적·공격적 근거들을 자기화自己化하였고, 그것은 니체의 기독교에 대한 격렬한 투쟁의 근원이 되고 있다.

기독교에 대한 니체의 적대심만을 아는 사람들은 니체를 연구하는 가운데 놀라움을 경험한다고 야스퍼스는 말한다. 왜냐하면 그들은 니체에게서 반기독교적 명제들과 일치될 수 없는 언표들을 발견하게 되기 때문이다.

기독교는 내가 현실적으로 알고 있었던 이상적인 삶 가운데 가장 훌륭한 부분입니다. 나는 어린 시절부터 기독교를 따르고 있으며, 나의 가슴속에 기독교에 대한 반감을 지닌 적은 결코 없었다고 확신합니다. _Gast, 7, 21, 81

니체는 성서의 영향에 대해서도 다음과 같이 긍정했다.

일반적으로 유럽에서 지금까지 성서에 대한 외경이 유지된 방식이야말로 아마도 도덕을 훈육하고 정제하는 데 있어 최상의 것이었을 것이다. 이것이 유럽이 기독교에 힘입은 은덕이다. _VII, 249

니체의 친가나 외가 어른들은 거의 대부분 목사였다. 심지어 그의 아버지조차 뢰켄Röcken 마을에 있던 뢰켄 교회의 목사였다. 할머니, 고모, 어머니 역시 경건하고 독실한 기독교도였다. 그런 탓으로 니체는 기독교적 정신과 분위기 속에서 성장하였고, 장차 커서 목사가 되어야 한다는 집안 어른들의 바람 속에 교육을 받았다. 니체는 언제나 가장 고귀한 유형의 인간을 기독교에서 보았다.

나는 어떤 의미에서든 기독교를 진지하게 생각했던 집안에서 태어난 것을 나의 명예로 생각한다. _XIV, 358

니체의 저서들에서 발견되는 기독교에 대한 긍정적 평가는 바로 위에 언급한 것을 반증해 주는 것 같기도 하다. 물론 니체가 자기의 저서 곳곳에서 또는 유고의 여러 문장들에서 기독교에 대해 잔혹할 정도로 비판하고 저주하는 것을 보면 기독교에 대한 그의 긍정적인 평가가 일시적이며 전략적인 데서 비롯하는 것이 아닐까 생각되기도 한다. 가령 니체가 성직자들을 "음험한 난쟁이들", "기생충적인 인간", "엄숙한 세계 비방자", "삶의 독거미들", "능란한 위선자들"이라고 부르고 있는 것을 고려한다면 이러한 생각에 동의하지 않을 수 없을 것이다. 그럼에도 니체는 성직자들이 지닌 고귀한 특성에 대해 여러 차례에 걸쳐 다음과 같이 말하기도 한다.

민중은 이런 종류의 인간에게 외경할 엄청난 권리를 가진다. 부드럽고 진지하며 순결한 천성을 가진 성직자들은 민중에 속해 있고 또한 민중으로부터 나온다. 그러나 성직자들은 축성祝聖을 받은 자, 정선된 자, 민중의 복지를 위해서 제물로 바쳐진 자와 같은 그런 종류의 인간이다. 이런 성직

자 앞에서 민중은 벌 받지 않고 자기의 속마음을 털어놓을 수 있다. _V. 287-288

야스퍼스에 의하면 니체는 이러한 유형의 성직자를 두려움에 가까운 존경심으로 대한다. 또한 니체는 기독교를 다음과 같이 생각한다.

기독교는 인간사회에 있어 가장 훌륭한 모습들을 조각했다 … 여기서 인간의 용모는 영화靈化된다. 이러한 영화는 두 가지 행복의 지속적인 밀물과 썰물(힘의 감정과 복종의 감정)에 의하여 나타난다 … 여기에는 허약한 육체와 행복에 대한 고귀한 경멸이 마치 그것이 타고난 병사들에게 고유한 것처럼 지배하고 있다 … 교회의 진리는 민중에게 끊임없이 고위 성직자들의 아름답고 우아한 힘을 증명해 왔다. _IV. 59-60

니체는 예수회 수도사들에 대해서도 긍정적으로 말하고 있다.

예수회 수도사들은 예수회의 모든 신도들에게 자기초극을 명命한다. 예수회의 교전敎典에서 설파하고 있는 용이한 생활 실천은 결코 그들에게 도움이 되는 것이 아니라 세속인들에게 도움이 되는 것이다. _II. 77

니체는 이렇게 기독교에 대해 긍정적이고 우호적인 태도를 취하면서도 기독교를 '현실적으로 탁월한 것에 대해서 항상 적대적이고, 인간의 모든 위대한 힘을 부정하고 거세하고자 안간힘을 쓰는 존재'로 간주하기도 한다. 한편으로는 교회의 역할을 높이 평가하면서도 다른 한편으로는 교회를 '병자들의 조직체이고 동시에 악독한 위폐 제조소를 운영하는 집단'으로 규정하기도 한다. 하여간 니체는 기독교에 대해 이처럼 상반되고 모순되는 해석들과 평가들을 내리곤 한다.

야스퍼스는 니체를 알려면 이러한 모순·대립을 이해해야만 한다고 주장한다. 왜냐하면 니체의 이러한 모순·대립은 우연히 생긴 것이 아니기 때문이다.

니체는 자신이 기독교도들과 가까운 관계에 있고 프로테

스탄트 목사 집안에서 태어났다는 엄연한 사실을 심각하게 생각하고 있다. 이런 의미에서 니체는 독일에서 내부적이고 무모한 회의주의가 프로테스탄트 목사의 자녀들 사이에서 생겼다는 사실을 관찰했다. 니체는 그 이유를 다음과 같이 말한다.

> 너무도 많은 독일철학자들과 지식인들이 목회자의 자녀들로서 성직자들을 방관하고 있다. 그 때문에 그들은 신을 믿지 않는다 … 독일철학은 본질적으로 종교적 인간과 모든 시골 및 도시 목사들을 포함한 제2류의 성직자들, 대학의 신학교수들에 대한 불신이다. _XIII, 314

야스퍼스는 니체가 보여 준 현실 속 기독교에 대한 적대성은 기독교에 대한 혐오와 저주만을 포함한 것이라기보다도 기독교에 대한 기대 및 희망과 불가분적으로 연관되어 있다고 주장한다. 야스퍼스에 의하면 니체 자신은 이러한 연관을 제거할 것이 아니라, 오히려 그것이 진리를 알고자 하는 욕구를 자극할 것으로 생각했다는 것이다.

우리들 오늘의 시대를 인식하는 자, 우리들 무신론자이면서 반형이상학자들마저 천 년을 이어 온 신앙이 정화시킨 열화에서 우리들의 불씨를 얻는다. _VII, 275

이런 맥락에서 니체는 다음과 같이 요구한다.

모든 기독교적인 것은 초기독교적인 것에 의해서 극복되어야 하지만, 그것으로부터 단절되어서는 안 된다. _XVI, 390

야스퍼스는 니체의 사유가 기독교에 근거하여, 기독교적인 자극에 의해서 생장했다고 이해하고 있다. 다시 말해서 야스퍼스는 기독교에 대한 니체의 투쟁은 기독교를 결코 단순히 포기하는 것도 아니고 퇴행시키는 것도 아니며 기독교로부터 떨어져 나오는 것도 아니고 오히려 기독교를 극복하고 압도하려는 데 목적을 두고 있다고 주장한다. 그것도 기독교를 발전시킨 힘들로써 그렇게 하고자 한다.

우리는 더 이상 기독교도가 아니다 … 오늘날 우리로 하여금

기독교도로 있는 것을 금지하는 것은 우리들의 엄격하고 세련되며 경건한 신앙 자체이다. _XIII, 318

야스퍼스에 의하면 니체는 도덕에 대립하여 '선악의 피안'을 설정할 때도 도덕에 근거하여 도덕 이상의 것을 원한다.

도덕을 파괴한 후 우리는 도덕의 상속자이고자 한다. _XII, 85

우리는 지금까지의 인류가 야기한 고귀한 결과물로서 도덕적 의미를 가지고 있다. _XI, 35

우리의 전 행위는 단지 지금까지의 도덕적 형식에 대항하는 도덕성에 불과하다. _XIII, 125

기독교적인 자극으로부터, 즉 도덕적으로 최상의 것으로 고양된 진실성에 근거하여 현실세계에 존재하는 기독교도들의 실제적인 존재와 태도에 대항한 기독교적인 투쟁이 이미 이전부터 행해졌다. 기독교세계 내부에서 행해지는

이러한 투쟁은 니체가 최종적인 귀결이라고 느끼는 결과를
가져왔다.

수천 년 동안의 기독교 교회의 압박에 대한 투쟁은 아직 지
상에는 없었던 장려한 정신의 긴장을 유럽에 야기했다. 사람
들은 이토록 긴장된 활로써 이제 가장 먼 표적들을 향해 쏠
수 있게 되었다 … 우리들 선량한 유럽인들과 자유로운, 매
우 자유로운 정신들 ─ 우리들은 아직도 정신의 전체적인 곤
경과 정신의 활의 전체적인 긴장을 안고 있다! 그리고 또한
아마도 화살을, 즉 사명까지도 그 누가 알까? 표적까지도 말
이다 …. _Ⅶ, 5

야스퍼스는 지금까지의 논의를 다음과 같이 요약하고
있다.

니체는 기독교적 동인에 근거해서 기독교에 대항한다. 따라
서 니체 자신이 고독과 병고 속에서 살았던 삶의 근본적인
체험이야말로 세계사 과정을 대표적으로 나타내고 있다. 니

체가 살았던 시대의 사건은 수천 년의 역사적 근거들을 배경으로 한 가운데 일어난 것이다. 그것은 인간의 영혼에 대해서는 인간이 감행하는 가치평가들의 진리성을 의미하기도 하고, 인간 존재 자체의 본질에 대해서는 최고의 위기이면서 동시에 최고의 가능성을 의미하기도 한다.

니체는 그의 의식에 있어 세계사적 중심에 들어선다. 야스퍼스는 영혼의 심연에서 일어난 이러한 혁명을 측정하기 위해 우리가 이 혁명이 니체 자신에 있어 어떻게 일어났는가를 물어야 한다고 진술하고 있다. 야스퍼스에 의하면 우리는 먼저 니체의 근원적 기독교성을 보고 그다음에 그것이 어떻게 변화했는가를 살펴보아야 한다. 야스퍼스는 니체가 한 사람의 기독교도에서 기독교에 대한 적대자로 변화해 가는 과정에서 어떤 종교적 투쟁을 감행했는지를 물을 수 있지만, 종교적 해방투쟁 따위는 니체에게서는 결코 감행되지 않았다고 쓰고 있다. 니체는 오히려 초기부터 다루었던 기독교적 동인들을 그의 내면에서 최후까지 살아 있는 형태로 받아들이고 있다. 다시 말해서 니체는 도덕과 진실성에 있어 무제약성을 자기의 고유한 것으로 체험했다. 그러나 기독교적 내용들, 기독교의 객관성들, 기독교적 권위는 이미 어린 시절부터 니체에게는 현실성을 지니고 있는 것이 아니었다. 즉 그가 성인이 되었다고 포기해야 할 동화 같은 이야기라곤 아무것도 없었다. 야스퍼스는 소년 니체의 사고방식을 드러내는 몇 가지 사례를 다음과 같이 확인시켜 주고 있다.

① 신앙 내용 및 도그마Dogma(교의)로서 기독교는 니체에게는 처음부터 낯선 것이다. 즉 니체는 기독교를 단지 상징들 속에 내재한 인간적 진리로서만 긍정한다.

② 기독교의 근본적 교의는 인간의 마음속에 들어 있는 근본진리들만을 진술한다. 소년 니체에게 이러한 근본진리들은, 그가 훗날 주창한 철학이 제시한 근본진리들과도 같은 것이다.

신앙을 통해 구원을 받는다는 말에서 신앙은 지식을 뜻하는 것이 아니다. 마음만이 행복을 가져다줄 수 있다는 것을 뜻한다. 신이 인간이 되었다는 것은 인간이 무한한 것 속에서 자기의 행복을 찾아서는 안 되고, 이 지상 위에다 하늘나라das Himmelreich를 세워야 한다는 의미이다.

③ 이미 바로 이 시기에 니체는 성인이 되어 기독교에 대해 혹독하게 비판했던 내용을 소년 니체의 글들에서 미리 보여 주고 있다. 그 글에서 니체는 기독교적 관찰방식에서 비롯하는 감상적 염세감정에 대한 강렬한 반론을 제기하고 있다. 감상적 염세감정은 자기 자신의 힘에 대한 부정이다. 그것은 결단으로써 자기 스스로 자신들의 운명을 만들어 갈 수 없는 나약한 자들의 핑계에 불과하다.

④ 소년 니체는 이미 2천 년 동안 인류가 하나의 환상에 의하여 오도된 것은 아닌지 하는 의구심을 품고 있다. 소년 니체는 다음과 같이 쓰고 있다.

기독교 전체가 가정 위에 세워져 있다는 것을 대중이 비로소 이해했다면 대변혁이 임박한 것이다. 즉 신의 존재, 불사不死, 성서의 권위, 영감은 항상 문제로 남을 것이다. 나는 모든 것을 부정하려고 했다. 오, 허물어뜨리기는 쉬우리라! 그러나 재건하라!

소년 니체가 초기에 가정적으로 주저하면서 신중하게 진술한 것이 표현상 변화를 드러내 보이고 있다. 즉 무엇보다도 투쟁의지에 있어서의 열정이 훗날 비로소 드러나고 있다. 그러나 야스퍼스에 의하면 근본적인 입장은 처음부터 어린 니체의 내면에 있었고, 그것은 변하지 않은 채 그 후로도 지속되고 있었다.

이런 점에서 야스퍼스는 니체와 키르케고르Søren Kierkegaard 의 비교를 통해서 두 사람 간의 상이성은 물론이고 니체의 특유성을 두드러지게 나타나게끔 한다.

① 키르케고르의 영혼에는 신앙이 침전해 있다. 그는 죽기 전까지 이 기독교적인 신앙을 역사적 내용으로 연결하고 있다. "왜냐하면 나의 아버지께서는 그 역사적 내용을 나에게 들려주었기 때문이다." 이와 반대로 니체에게 기독교의 역사적 내용은 처음부터 낯선 것이었다.

② 키르케고르는 기독교적 신학의 깊은 곳에까지 파고들어 갔다.

그러나 니체는 신학에 깊이가 있다는 것을 알아차리지 못했다. 다시 말해서 니체는 신학의 숭고한 사상적 구축물에 대해서는 관심조차 두지 않았다.

야스퍼스는 이와 같은 논의를 통해서 그가 기획한 비판적 분석의 윤곽을 분명히 밝히고 있다.

첫째, 우리는 기독교에 대한 니체의 투쟁이 어떻게 해서 기독교적 동인들에서 일어나게 되었는지, 그리고 니체가 기독교에 대해 어느 정도까지 의식하고 있었는지를 고찰한다.

둘째, 우리는 기독교적 내용들이 상실된 채 기독교적 동인들이 니체에 있어 처음부터 어떻게 나타나고 있는지를 살펴본다. 다시 말해서 우리는 기독교적 동인들이 단순한 촉진제가 되었다는 사실을 살펴본다.

셋째, 우리는 니체의 길이 어떻게 그가 여러 곳에서 수용한 모든 입장들을 전도하는 가운데 그를 허무주의로 이끌어 가는지에 대해 이해해야 한다.

허무주의에 정통하게 된 니체는 최종적인 귀결에 이르기까지 의식적으로 허무주의 운동을 수행한다. 그러나 니체는 허무주의에 머물러 있기 위해 허무주의 운동을 실천한 것이 아니다. 아주 새로운 근원에 근거하여 허무주의에 대항하는 반대운동을 성공적으로 실현하기 위해 허무주의 운동을 실천한 것이다.

야스퍼스는 니체의 이러한 새로운 철학에 직면하여 마지막으로 다음과 같은 물음을 던진다.

① 이 새로운 철학은 아직도 기독교적 출발점과 어떤 관련이 있는가?
② 이러한 새로운 철학은 도대체 현실적으로 있는 것인가?
③ 이 철학의 현실성은 어떤 성격을 지니고 있는가?

야스퍼스는 이러한 비판적인 물음을 논의하기 전에 기독교의 본질과 역사에 대한 니체의 직관을 나타내고자 한다. 그것을 기술함에 있어 니체의 모순되는 언설들을 무시하고 주로 후기의 저서 속에서 분명하게 드러나는 통일적인 모습을 제시하고 있다. 야스퍼스에 의하면 이 통일적인 모습은 기독교에 대한 아주 거친 언설 속에서 파악된다. 이 통일적인 모습은 깊은 사유연관으로부터만 전경前景의 현상처럼 작용한다. 그렇지만 니체는 이 전경의 현상을 절대적이면서 최종적인 인식으로서는 생각할 수 없다고 주장한다.

2장
세계사적 견해에 대한 니체의 설명

야스퍼스는 다음과 같은 세 가지 질문 영역을 분명하게 제시하고 있다.

① 현대의 위기에 대해 니체는 어떻게 의식하고 있는가?

② 이 위기가 기독교로부터 비롯한다는 니체의 교설은 무엇인가?

③ 세계사 전체에 대한 니체의 통찰과 세계사 속에서 기독교의 위치는 어디인가?

1. 현대의 위기

니체는 현대세계의 놀라운 모습을 그렸다. 그는 이 놀라운 모습이 현대세계의 지속과 더불어 계속 반복되고 있다고 주장한다. 니체가 그려 내고 있는 그 놀라운 모습은 야스퍼스에 의하면 다음과 같은 양상으로 해석된다. 즉 그것은 문화의 쇠퇴, 교양을 대신하는 하나의 단순한 지식의 대체, 영혼 상실을 은폐하기 위한 위장된 보완, 권태를 도취와 센세이션으로 기피하고자 하는 작태 등이다. 이러한 상황에서는 더 이상 아무것도 자랄 수 없는 허울 좋은 정신이 소음을 야기한다. 더 나아가서 니체는 기계의 의미, 노동의 기계화, 대중 출현의 의의를 알려 준다.

야스퍼스에 의하면 니체에 있어 이 모든 것은 표면에 나타난 하나의 현상에 불과하다. 오히려 현상의 배후에 보다 근본적인 실재가 있다. 야스퍼스는 다음과 같이 말한다.

모든 것이 흔들리고 온 대지가 진동하는 오늘날의 근본적인 사건은 보다 심각하다. 이 근본적인 사건은 니체가 시민들의 안정된 자기만족의 시대에 참으로 섬뜩하게 말하고 있는 바와 같은, 아직 어느 누구도 감지하지 못한 사건, 즉 '신은 죽었다'라는 사건의 결과이다.

'신은 죽었다'라는 사건은 무섭고 새로운 사건이다. 유럽인들이 이 사건을 감지하려면 수백 년이 걸릴 것이다. 이 사건을 감지하게 될 경우 얼마 동안 사물에서 무게가 빠져나간 것같이 생각될 것이다. _XIII, 316

니체는 현재의 현실적 상황을 있는 그대로 확인했다고 생각한다. 그는 신이 존재하지 않는다고도 말하지 않으며 또한 단순히 신을 믿지 않는다고도 말하지 않는다. 점증하는 무신앙을 심리학적으로 확인하는 데 국한하지도 않는다. 오히려 그는 존재를 지각하고 있다. 이러한 지각이 한번 감행되면 이 시대의 모든 낱낱의 특징들이 근본적인 사실성의 결과로서 밝혀진다. 다시 말해서 모든 기초 없는 것과 치유 불가능한 것, 애매한 것과 거짓된 것, 위선적인 것과 불안하게 서두르는 것, 이 시대의 도취의 필요성과 망각의 필요성이 밝혀진다.

니체는 이 근본사실에 머무르지 않는다. 그는 "왜 신은 죽었는가?"라고 묻는다. 그의 여러 대답 가운데서 단지 하나의 대답만이 포괄적으로 깊이 사유되고 전개되었다. 신의 죽음의 원인은 기독교라는 것이다. 왜냐하면 과거에 인간들이 의거해 살았던 모든 진리들은 기독교에 의해 일찍이 파괴되었기 때문이다. 다시 말해 무엇보다도 우선 소크라테스 이전에 살았던 그리스인들의 삶의 비극적 진리가 기독교에 의해 파괴되었기 때문이라는 것이다. 이와 반대로 기독교는 신, 도덕적 세계질서, 불멸, 죄, 은총, 구원 등과 같은 허구들을 설정했다. 기독교의 날조된 세계가 통찰될 경우 결국에는 오직 허구만이 남는다. 야스퍼스에 의하면 니체에 있어 허무주의는 우리의 위대한 가치들과 이상들에 대해 궁극적으로 사유된 논리이다. 기독교 자체의 모든 근거들과 가치들이 허구들 속에 설정되었기 때문에 허구들이 벗겨지는 순간에 인간은 역사상 아직 한 번도 체험하지 못한 허무함 속으로 가라앉을 수밖에 없다. 그럼에도 오늘날은 그 모든 것의 시작에 불과하다.

　허무주의의 대두는 앞으로 올 2백 년간의 역사이다 … 우리들의 전체 유럽문화는 오래전부터 10년마다 증대하고 있는 긴박한 상태의 고통을 지니고서 마치 파국을 향해서 달려가

듯 움직이고 있다. _XV, 137

"신은 왜 죽었는가?"라는 물음에 대한 니체의 대답은, 야스퍼스에 의하면, 기독교의 역사에 아주 새로운 의미를 부여할 수밖에 없다. 우리 배후에 놓여 있는 기독교 2천 년 역사는 우리들의 숙명이다. 이 숙명은 어떻게 진행되었는가?

2. 기독교의 기원과 변화

야스퍼스에 의하면 니체는 기독교의 성립, 왜곡, 진행을 서로 연관된 역사적 현실로 이해하고 있다. 이러한 역사적 현실에서 예수는 멀리 떨어져 있다. 니체에게 역사적 인물로서의 예수는 기독교의 현실적 역사와는 아무런 관계가 없다.

1) 예수는 누구인가?

예수는 누구인가? 이 물음에서 니체는 예수에 대해 심리적으로 그 특성을 규정지을 수 있는 인간유형이라고 대답하고 있다. 야스퍼스에 의하면 니체가 본 예수는 새로운 지식을 실현한 것이 아니고 새로운 생활태도, 즉 새로운 실천을 실현해 보이고 있다. 다시 말해서 예수는 신앙을 실현한 것이 아니고 하나의 새로운 변화를 실현하고 있다.

하늘나라에 있는 것으로 느끼기 위해서, 즉 영원한 것으로 느끼기 위해서 어떻게 살아야 하는가에 대한 깊은 본능이 예수를 지배한다. _VIII, 259

예수가 체험하고 생활실천을 통해서 획득한 지복至福, die Seligkeit은 구원의 심리적 사실성이다. _VIII, 259

이 지복은 어떤 피안의 실재와도 동떨어진 현실세계에, 즉 인간의 내적 세계에 대해서만 말한다.

생명, 진리, 빛은 예수가 가장 내적인 것을 나타낼 때 쓰는 말이다. 그 밖의 모든 것, 즉 현실 전체, 자연 전체, 언어 자체는 예수에게는 단순히 하나의 기호, 즉 하나의 비유로서만 가치를 지닐 뿐이다.

행복이 유일한 실재다. 여타의 것은 행복을 나타내기 위한 기호에 불과하다. _VIII, 258

예수는 이론적 가르침도 거부하고 신앙을 형식화하는 것도 거부한다.

이러한 신앙은 형식화되지 않는다. 이 신앙은 살아 있고, 형식화를 거부한다. _VIII, 256

참된 삶과 영원한 삶은 약속된 것이 아니라 현재하는 것이다. 이러한 삶의 근본태도는 어떻게 말과 행동으로 나타날 수 있을까? 행복한 자가 말할 경우에 모든 합리적인 명확성이 기호와 비유 속에 침잠하는 것은 분명하다.

복음이란 더 이상 대립이 없는 것이다. 즉 거기서는 모든 차이점들이 없어진다는 것이다. _VIII, 256

야스퍼스는 니체가 단언하는 행복한 사람의 행위에는 다

음과 같은 특징이 있다고 말한다. 즉 행복한 자는 이 세상을 지나쳐 가기도 하고 또는 이 세상에 관계하지 않고 통과해 가기도 한다고 말이다.

야스퍼스는 니체가 이와 같은 근본태도에서 나오는 귀결들을 어떻게 전개하고 있는지를 다음과 같이 밝히고 있다.

첫째 어디에서도 저항하지 말라! 그 무엇도 부정되지 않고 모든 것이 긍정된다. 이러한 태도를 예수는 사랑이라고 부른다. 예수의 '배척하지 않고 거리를 두지 않는 삶'은 그에게는 모든 것이 동일한 방식으로 가까이 있다는 것을 뜻한다. 예수는 '이방인과 동향인, 유대인과 비유대인을 차별하지 않는다'.

야스퍼스는 이러한 사랑을, 사람을 구별하고 선택하여 주어지는 것이 아니라 현재 더불어 있는 모든 이웃들을 향해서 주어지는 사랑으로 해석한다. 그러나 사람의 이러한 무저항(사랑)은 모든 차별들을 조망하는 데 국한하지 않는다. 예수는 그의 현존이 위협받는 경우에도 싸우지 않는다.

이와 같은 신앙은 화내지 않고 비난하지 않고 저항하지 않는다. 이러한 신앙은 칼을 불러오지 않는다. 예수는 자기에게 악의를 품는 자에게 말로서나 마음으로나 저항하지 않는다. … 예수는 결단코 싸우지 않기 때문에 법정에 나타나는 일도 없고 법정 선서를 하는 일도 없다. _VIII, 258

야스퍼스는 예수의 근본태도에서 나오는 두 번째 귀결들을 니체가 어떻게 전개하고 있는지를 다음과 같이 밝히고 있다.

예수는 이론으로서 지식이라는 것을 모른다. 예수에게 문화라는 것은 풍문으로라도 알려지지 않았다. 예수는 문화를 부정하지 않는다. 국가, 노동, 전쟁에 대해서도 이와 마찬가지로 부정하지 않는다. 예수는 세계를 부정할 만한 어떤 이유도 알지 못했다. 부정한다는 것은 예수에게는 전혀 불가능한 것이다. 따라서 예수에게는 대립이란 더 이상 존재하지 않기 때문에 죄와 벌이라는 개념 또한 없다. 죄, 즉 신과 인간의 모든 거리관계는 제거되었다.

모든 현실성이 사라짐으로써 죽음도 또한 비현실적인 것이 되고 있다.

복음서에는 자연적인 죽음이라는 개념이 없다. 죽음은 다리가 아니다. 죽음은 이승에서 저승으로의 건너감이 아니다. 죽음은 아주 다른 가상세계에 속하기 때문에 복음서에는 없다. 시간, 육체적 삶, 그 삶의 위기는 복음의 교사에게는 결코 현존하지 않는다. _VIII, 260

야스퍼스에 의하면 예수는 생활실천을 통해서 얻는 행복을 자기의 죽음을 통해서 확증했다고 니체는 주장하고 있다.

이 복음을 알리는 자는 인간들을 구원하기 위해서가 아니라, 인간이 어떻게 살아야 하는가를 보여 주기 위해 살았고 또 그렇게 죽었다. 재판관들 앞에서의 그의 태도 … 십자가에 매달렸을 때의 그의 태도가 그러했다. 예수는 저항하지 않는다. 그는 자기의 권리를 변호하지 않는다. 자기에게 해악을

끼치는 사람들과 더불어 애원하고 괴로워하고, 사랑한다. 이
것이 다음과 같은 근본태도에서 나온 결과다. 즉 저항하지
말라, 화내지 말라, 누군가에게 책임 지우지 말라 … 악한 자
에게 저항하지 말라 ─ 악한 자를 사랑하라. _VIII, 261

야스퍼스는 니체에 의해 묘사된 예수의 생활실천의 특성
은 인간 존재의 일반적 가능성을 드러내 보이고 있다고 주
장한다. 야스퍼스의 논의에 따르면 니체는 "어떤 종류의 인
간들이, 즉 어떤 성격의 인간들이 이러한 길을 선택할 수
있단 말인가?" 다시 말해서 "예수는 어떤 종류의 인간이었
어야만 했단 말인가?"라고 물음을 묻고는 이러한 물음을
생리적 조건들에 대한 물음이라고 일컫고 있다.

이러한 맥락에서 니체는 예수에 직면하여 '숭고, 질병, 순
진무구성이 혼합된 인상 깊은 자극'에 대해 말한다. 니체는
영웅이나 천재와 같은 개념을 예수에 적용하는 것을 우스
운 일로 여기고 거부한다.

생리학자의 엄밀성을 가지고 말한다면 백치白痴, Idiot라는 말

이 여기서는 당연할 것 같다. _VIII, 252

　야스퍼스는 니체가 예수를 백치라고 부른 언표의 근거를 도스토옙스키Dostoevsky가 작품 『백치』에 등장시킨 후작 미슈킨Myshkin을 백치라고 부른 것과 같은 의미에서 생각한 것 같다고 해석하고 있다.

　여하튼 야스퍼스는 니체의 외관상 무자비한 공격은 이 백치라는 표현에서 절정을 이루고 있다고 주장한다. 그러나 그는 이 백치라는 표현에서 오히려 예수와 동일화하고자 하는 니체의 은밀한 의도를 감지해야 한다고 역설하기도 한다.

　이 백치라는 말을 단순히 언어상의 의미로서만 해석할 경우, 이 말에서 예수에 대한 올바른 평가를 단연코 차단하는 듯한 거침없는 증오가 발산되고 있는 것처럼 생각된다. 그러나 사실 이 말은 그 정반대의 입장에서 생각되어야 한다고 야스퍼스는 역설한다.

　가령 우리가 야스퍼스의 입장에 따라 예수와 동일화하고자 하는 니체의 의도를 생각할 경우, 그리고 니체가 자기 스스로 바보 역할을 떠맡았던 것을 예수로부터 비롯한다고 숙고할 경우 사실상 설명 가능한 맥락이 드러난다. 니체는 『이 사람을 보라*Ecce Homo*』에서 훗날 다른 사람으로부터 성인이라고 불릴지 모른다는 자신의 불안에 관하여 말하고 있다. 즉 틀을 벗어난 문구로 안내하여 "나는 성인이 되고 싶지 않고 차라리 어릿광대이고자 한다"라고 말하고 있다. 백치라는 말을 이러한 이중적인 맥락에서 볼 경우 새로운 방식으로 이해됨 직하다.

백치라는 표현은 니체가 예수와 결합되어 있는 것으로 보이는 예외자 역할의 지극히 대담한 기호에 불과하다. 하늘나라를 알리는 예수에게 일어나는 것과 꼭 같은 것이 신의 죽음을 고지하는 니체에게도 일어나고 있다. 니체와 예수는 착한 사람들과 의로운 사람들에 의해 예외자와 바보 역할에 떠밀리고 있음이 보인다. 이러한 역할은 그들로 하여금 자기들의 복음을 꾸밈없이 수행하는 것을 가능하게 하고 있다. 이와 동시에 외관상 차단되었던 예수에 대한 긍정적 평가의 길이 다시금 열리고 있다.

이러한 점을 미루어 해석할 때 야스퍼스에 의하면 니체

가 이런 형태로 예수에게 발견했던 것은 그가 데카당스 décadence라고 불렀던 것의 한 방식이었다. 이 데카당스는 허위가 없는 데카당스라는 특징을 가지고 있다. 그러나 그것은 몰락하는 삶의 형식으로서 데카당스의 근본특징을 가지고 있다.

세력가들을 불구대천의 원수로 만드는 그런 행위의 본능적인 강제가, 즉 허무에 빠져드는 의지의 본능이 그런 근본특징에 속한다. _XV, 185

니체는 "그렇게 예수는 행했고 십자가에서 죽었다"고 쓰고 있다. 야스퍼스에 의하면 니체가 묘사한 예수의 존재는 확실히 놀라운 모습이다. 이것은 분명히 예수에 대해 확증해 준 전체라는 모습이지만, 예수에 대한 역사적 실재성을 의심해 보지 않을 수 없다고 야스퍼스는 주장한다. 니체는 이러한 의문에 대해 다음과 같이 대답한다. 즉 복음서들은 예수의 명백한 모습을 드러내 보이지 않고, 복음서에서 현실의 예수는 다만 비판적인 구별에 의해서만 짐작될 뿐이라고 말이다. 니체에게 비친 복음서 속 예수는 거의 인도적이지 않고 지반 위에서 부처가 설법하는 것 같은 그런 신상 설교자, 호수의 설교자, 초원의 설교자로서의 모습과 공격적인 광신자, 신학자들 및 신부들의 불구대천의 원수라는 모습 사이의 모순으로 갈려 있다.

야스퍼스에 의하면 니체가 보기에 전자는 예수의 실제 모습이고 후자는 예수 자신에게 원시 기독교 교단의 완전히 생소한 본능에서 비롯하는 해석과 덧붙임이다. 니체는 구세주의 유형에 광신자를 덧붙여 넣기를 거부한다. 물론 니체는 복음서들에서 하나의 신뢰할 만한 역사적 사실을 분명히 획득할 수 있는지에 대해서는 지극히 회의적이다.

성직자들에 대한 전설을 도대체 어떻게 역사적 사실로서 전 승된 것이라 일컬을 수 있단 말인가! _VIII, 251

그럼에도 니체는 복음서들이 매우 훼손되고 낯선 특성들로 구성되어 있다고 하더라도 예수라는 심리적 유형이 복음서들에 내포될 수도 있다고 생각한다. "예수라는 인간유형이 아직도 상상할 수 있는 것인지, 그것이 역사적 사실로서 전승되는 것인지"가 문제로 남는다.

니체는 이 물음에 긍정적인 대답을 하고 예수의 모습을 그려 본다. 그다음으로 심리적으로 가능한 것에 대해 논의할 수 있는지를 의심해 볼 수 있다. 이 점에 대해 니체는 아주 단호하다.

> 불교적 생활실천이 망상이 아니듯이 기독교적 생활실천도 망상이 아니다. 기독교적 생활실천은 행복하기 위한 수단이다. _XV. 60

이러한 생활실천은 심리적 가능성으로서 전적으로 비역사적이다. 즉 그것은 특별히 역사적 유래를 가지고 있는 것이 아니다. 그러므로 어느 때나 가능했고, 오늘날에도 또한 매 순간 가능하다.

오늘날에도 여전히 이러한 삶은 가능하며, 어떤 인간에게는 필수적이다. 진정한 기독교, 근원적인 기독교는 언제든지 가

능할 것이다. _VIII, 265

예수와 같은 심리적 유형은 기독교의 수천 년 역사에 있
어, 예컨대 아시시의 프란치스코Franz von Assisi에서 다시금 나
타났다. 야스퍼스에 의하면 이러한 생활실천은 무엇보다
도 데카당스가 점증하는 시대에 가능한 것이기 때문에 또
한 바로 우리 시대에도 그러할 수 있다.

붓다의 시대가 그러했던 것처럼 우리들의 시대도 어떤 의미
에서는 무르익었다. 즉 데카당화되었다 ⋯ 그러므로 기독교
의 불합리한 교의 없이도 기독교 정신은 가능하다. _XV, 318

야스퍼스는 기독교의 생활실천이 예수에서 어떻게 드러
나고 있는지를 니체의 말로써 요약하고 있다.

나는 군인이고 싶지 않다. 나는 법정에 관심이 없다. 나는 경
찰의 봉사를 요구하지 않는다. 나는 내 안의 평화를 방해하
는 일을 하고 싶지 않다. 내가 그런 일로 고통을 받아야만 할

경우에도, 나에게 고통보다도 평화가 더 많이 유지될 것이라고 말하는 사람이 있다면 그는 예수일 것이다. _XV, 299

그러나 니체는 이 기독교에 대해 사회학적으로는 다음과 같이 말한다.

기독교는 가장 사적인 현존형식으로서 가능할 수 있다. 기독교는 편협하고, 추상적이고, 완전히 비정치적인 사회를 전제하고 있다. 기독교는 사이비 종교 집회에 속한다. _XV, 298

2) 예수의 정신을 전도轉倒한 기독교

야스퍼스의 해석에 의하면 니체는 역사적 기독교와 예수는 전혀 관계가 없고, 오히려 기독교는 예수가 진리라고 생각하고 말했던 것을 전도한 것이라고 주장한다. 바꾸어서 말하면 니체는 예수가 평소에 진리라고 말했던 것을 철저히 전도한 것이 기독교라고 역설한다. 그러므로 니체는 다음과 같이 말한다.

근본적으로 단지 한 사람만의 기독교가 있었고 그는 십자가에서 죽었다. 이 순간부터 복음이라고 불리는 것은 이미 그가 살았던 것의 대립물이었다. 다시 말해서 그것은 '나쁜 소식', 즉 화음禍音, eine Dysangelium이었다. _VIII, 265

(지배계층 및 로마의 총독부에 대한) 복수와 보복의 감정이라는 전혀 다른 동기에서 예수를 새로이 해석하고 낯선 첨가물을 덧붙이면서, 사도 바울과 12사도들은 권력을 획득하려는 목적에서 예수를 수단으로 이용하고자 했다. 이것은 결코 역사적인 우연이 아니다.

야스퍼스에 의하면 이러한 근거에서 니체에게 예수는 진정으로 기독교적이고 사도 바울의 역사적 기독교는 반기독교적이라고 규정되고 있다. 야스퍼스는 니체의 관점에서 이미 예수가 기독교적이라면 원시 신앙 공동체와 후기 교회는 전적으로 반기독교적이라고 주장하고 있다. 니체는 일반적으로 기독교라고 하는 것, 즉 이른바 역사적 기독교를 사도들과 교회의 기독교라고 규정짓고 있다. 이런 점에서 니체는 자신을 역사적 기독교, 즉 사도들과 교회의 기독교를 철저히 공격하는 의미에서 반기독교적이라고 규정짓는다. 니체의 입장에서 이야기하자면 사도들과 교회의 기독교는 예수의 정신, 즉 원시 기독교와는 전혀 무관하다는 의미에서 오히려 역설적으로 반기독교적이며, 따라서 그 자신이야말로 원시 기독교를 은밀하게 긍정적으로 보고 있다는 점에서 기독교적이다.

그 점에서 예수는 처음이고 마지막이며 유일한 기독교도이다. 예수 이후의 기독교는 없다. 따라서 예수 이전에 예수는 없고 예수 이후에 예수는 없다.

사도들과 교회의 기독교 입장에서 볼 때 니체는 예수의 진실성을 존경하면서 예수에 반대한다. 니체는 사도와 교회에 대해서 거짓됨을 경멸하면서 그들에 반대한다. 사도들과 교회는 하강하는 삶의 징후이기 때문에 그는 이 양자에 반대한다. 야스퍼스에 의하면 니체는 예수가 가진 진실성의 광채가 발하게끔 하고 있다고 하더라도 예수에 대한 배척을 거부하지 않는다.

예수는 기독교의 근원이 아니라 기독교가 역사 속에 전개되고 유지·발전되기 위해 이용되는 여러 수단들 가운데 하나에 불과하다고 니체는 주장한다. 예수가 말한 진리는 기독교에 의해서 거부되었기 때문에 예수가 주장한 진리의 전도는 처음부터 근본적이다. 기독교는 처음의 진리가 점차적으로 그 진리성을 잃어 간 이반離反의 과정이 아니다. 낯선 근원인 예수와의 최초의 접촉에서부터 변질되어 자기화된 채 아주 다른 근원들에 의거해 생존해 온 것이다.

배반의 사상에는 그것 자체가 기독교 사상이라는 신약에 주어진 이전의 진정한 기독교를 희석하고, 무력화하며, 가볍게 만들고, 약화하는 배신이 내재하고 있다. 모든 세기를 통해서 기독교에서는 신약으로 되돌아감으로써 배반으로부터 회복하려는 시도가 있었다. 니체에 있어 예수를 전도하고자 한 일은 훗날에야 나타난 현상이 아니다. 즉 그것은 본질적으로 최초에 나타난 것이다. 복음인 신약 전체가 이미 전도이다.

야스퍼스는 니체가 해석한 기독교 전도의 국면을 다음과 같이 서술하고 있다.

예수가 생활실천을 수행했던 데 반해서 지금은 신앙이 중요시된다. 그러나 "기독교도로 존재한다는 것은 신약을 진리라고 인정하는 데 국한함으로써 진정한 기독교성을 부정하는 것을 뜻한다". 예수가 붓다처럼 다른 행위를 통해서 다른 인간들과 구별된 데 반해서 기독교도들은 처음부터 단지 남다른 신앙에 의해서만 구별되었다. 예수 정신의 언표였던 기독교가 이처럼 새로운 생활실천이 아니라 신앙이 되고 이 신앙이 예수와는 아무런 관계없는 교리가 되었다고 니체는 비판하고 있다. 니체의 구체적 설명에 의하면 행복을 전달하고 시사하는 수단으로 동원되었던 상징이 손으로 붙잡을 수 있는 구체적 현실이 되었다. 니체는 이러한 입장을 다음과 같이 쓰고 있다.

상징들 대신에 사물들과 인물들만이 있고 영원한 사실들 대신에 역사만이 있고 삶의 실천 대신에 형식들, 의식儀式, 교의만이 있다. _XV, 260

상징적인 지금과 항시恒時의 자리에, 즉 여기와 도처라는 자리에 구원의 전설이 나타났다 … 심리적인 상징 대신에 기적

이 나타났다. _XV, 287

야스퍼스는 예수가 모든 개인적이면서 역사적인 것들의
실재성에 대해 이론異論을 제기했음에도 불구하고 기독교
로부터 인간의 불사성, 인간을 구제한 구원자, 인간신人間神
(인간으로 태어난 신)이 제작되었다고 니체가 비판하고 있는
것으로 이해한다.

인간으로서 신, 도래할 신의 나라, 피안의 하늘나라, 신의 아
들, 삼위일체三位一體의 제2격 등 교회가 만든 거짓 조작보다
더 비기독교적인 것은 없다 … 이 모든 것은 상징을 경멸하
는 점에서의 세계사적 냉소이다. _VIII, 260

예수의 형상에 대한 위작은 바울에 의해 시도되었다. 바
울은 예수를 광신자, 투쟁자, 사제들과 신학자들에 대한 공
격자로 만들었다. 그다음에 예수를 단지 죽음과 부활만을
중요시한 구세주의 형상으로 해석·조작했다. 니체 자신도
이러한 구세주의 형상이 구체적으로 구현되고 있음을 보고

는 그것 앞에서 점증하는 놀라움을 금치 못하고 있다. 그러
므로 그는 다음과 같이 말하고 있다.

> 복음의 근원, 의미, 권능이었던 것에 대립되는 것 앞에 인류
> 가 무릎을 꿇고 있다는 것, 즉 복음의 사자가 저급하고 하찮
> 은 것으로 느꼈던 그것을 인류는 교회라는 개념에 있어 신성
> 시했다. 이보다 더 엄청난 형식의 세계사적 아이러니를 이
> 사실 외의 다른 것에서 찾는 것은 헛된 일이다. _VIII, 262

3) 전도된 기독교의 근원들

야스퍼스에 의하면 예수의 생활실천을 전도하여 심판,
부활, 하늘나라, 영생das ewige Leben을 근본원리로 삼고 기독
교를 창립한 이 커다란 사건은 예수와는 전혀 관계없이 전
적으로 기독교 자체 쪽에 그 근원을 두고 있다고 니체는 주
장한다. 예수가 일상에서 보여 주었던 투쟁 없는 평화의 예
수나, 무저항을 통해서 현재의 행복을 이루어 낸 그의 생활
실천이나, 세계와 죽음에 의해서도 당혹하지 않았던 것도
기독교의 근원이 아니다. 기독교의 근원은 이러한 역사적

정세 속에서 미증유의 힘을 얻을 수 있었던 인간적인 근본 태도이다. 즉 파렴치한 사람들, 성공하지 못한 사람들, 억압받은 사람들, 비천한 사람들, 범속한 사람들, 평균인들이 지닌 원한이 기독교의 근원으로서 인간적인 근본태도이다. 니체의 직관력에 의해 이면에는 저 천박한 인간들의 무능함, 즉 무력無力이 있었던 것으로 감지되었던 것 같다. 이러한 원한에 의하여 가치평가, 이상, 해석 변경이 창조적이 될 수 있었다. 야스퍼스는 이것이야말로 니체의 심리학적 발견이라고 규정하고 있다.

니체의 심리학적 분석에 의하면 진실로 예수는 무저항의 실천 속에서 지복, 하늘나라, 영생을 경험하고 있다. 실로 니체에 있어 예수는 단지 무저항의 실천을 통해서 신과의 소통을 시도하고 동시에 정신적으로 구원을 받는 것으로 생각된다. 그러나 예수는 신과의 소통을 위해서 어떤 정식, 어떤 예배양식도 조작하지 않는다.

야스퍼스에 의하면 니체는 기독교가 조작해 낸 속죄, 사면, 기도란 예수와는 전혀 관계가 없는 것으로, 오히려 예수가 극력 반대하고 저주한 것이라고 주장한다.

예수에게 있어서는 무저항이라는 복음적인 실천만이, 즉 '인간은 어떻게 살지 않으면 안 되는가? 인간은 어떻게 행동해야 하는가? 인간은 어떻게 죽어야 하는가?'에 대한 깊은 내적 본능, 그것만이 구원의 심리학적 현실이다. 따라서 지복, 하늘나라, 영생은 이 무저항의 복음적 실천에 의해서 심리학적으로 경험되는 현실이다. 이러한 것들은 기독교가 주장하는 바와 같이 죽음 이후에 오는 내세적來世的 그 무엇이 아니고, 지금 여기 마음속에서 얻을 수 있고 체험될 수 있는 마음의 상태라고 니체는 주장한다. 그의 다음과 같은 언설은 이러한 관점을 명백하게 시사해 준다.

하늘나라는 마음의 한 상태이다. 하늘나라는 '지상을 넘어서' 또는 '죽음 이후에' 오는 그 무엇이 아니다 … 하늘나라는 사람들이 고대하는 것이 아니다. 거기에는 어제도 없고 모레도 없다. 하늘나라는 천년을 지나서도 오지 않는다. 하늘나라는 마음에서의 한 경험이다. 하늘나라는 도처에 현존하고 있고 동시에 어느 곳에도 없다.

이와 같이 지복, 하늘나라, 영생은 예수에게 있어서는 죽음 이후의 내세적인 약속이 아니고 현실적으로 인간의 내적 세계에 존재하는 실재이다. 예수는 현실세계를 거침없이 통과하거나 또는 현실세계에 집착함이 없이 통과한다. 예수는 아무것도 부정하지 않으며 모든 것을 긍정한다. 그는 모든 것을 사랑으로 포용한다. 예수의 생활은 곧 사랑의 생활이다.

예수의 이와 같은 구원의 현실성은 바울에 의하여 구원의 비현실성으로 전도되고 있다. 따라서 그것은 신앙과 교회라는 도구에 의해서만 약속되는 것으로 변조되고 있다. 바로 여기에 기독교의 근원이 있다고 니체는 주장한다.

니체는 도덕주의자들의 열정 속에 비천함이 통용되기를 바라는 감추어진 의지를 탐지하고, 정의의 열광에서 은밀한 복수를 시도하고자 하는 것을 탐지하고 이상적인 가치평가, 현실적으로 높은 지위에 있는 자에 대항하는 숨은싸움을 탐지한다. 야스퍼스는 이러한 심리학을 기독교에 적용함으로써 니체가 기독교의 근원과 전개를 파악하고자 한다고 해석한다. 기독교는 이처럼 자기발전을 위해 유리한 방향으로 예수의 말, 행위, 진리조차도 왜곡하고 이용하고 있다고 니체는 비판한다. 기독교도들은 그들이 만나는 모든 진리를 —예수의 진리조차도— 전도된 해석을 통해 자기화하기 위해 이용한다. 이러한 해석에 의하여 기독교가 만나는 진리는 모든 최고의 것, 강력한 것, 귀족적인 것, 건강한 것, 원기 왕성한 것, 고귀한 것, 삶을 긍정하는 것을 파묻어 버리는 일에 함께 작용한다.

기독교는 모든 신비들, 구원에의 충동, 하느님에게 제물을 바치는 사상, 금욕주의, 이원론 철학, 세계에 대한 비방, 하강하는 삶의 이 모든 현상을 그 속에 받아들였다. 기독교는 모든 경쟁자들이 가지고 있는 실질적인 사상 내용을 받아들이고 그것을 능가함으로써 한계를 극복했다. 니체에 의하면 기독교가 이처럼 할 수 있었던 것은 기독교의 특수한 역사적 근원, 즉 유대교로부터 유래하는 직접적 기원에 의해서이다. 기독교가 발생하고 발전한 동기들을 집중적으로 강렬하게 조명해 보면 그 모든 것이 철두철미하게 유대적임을 알 수 있다고 니체는 해석한다.

유대인들은 세계사에 있어 가장 기묘한 민족이다. 왜냐하면 유대인들은 존재와 비존재에 대한 물음 앞에서 희생을 치르고서도 섬뜩할 정도의 의식으로 존재를 선택했기 때문이다. 이 희생은 모든 자연, 모든 자연성, 모든 실재를 철저하게 위조하는 것이었다. _VIII, 243

니체가 본 유대인들은 가치들을 왜곡하고, 도덕적 이상들을 창안하고, 자신들의 무기력에 힘을 부여하고, 무가치에 가치를 부여할 수 있었다. 그들은 그들이 지니고 있는 증오라는 천재적인 본능에서 피안의 세계를 만들어 내고 이 세계에서의 삶의 긍정을 악덕으로 규정했다. 유대인들은 힘에의 의지로써 지배문화를 창출하고, 현실세계에서 삶에의 의지를 고양하고 그 결과로 획득한 다양한 성취에 환호하고 지상적인 행복을 추구하는 인체의 역동적인 행위를 부정함으로써 본능적으로 현실을 부정하는 방향으로 나아갔다. 다시 말해서 유대인들은 현실세계에서의 권력, 지배, 성공 등을 부정하고 삶에의 의지를 약화했다. 유대인들은 지난날의 영웅적이며 호전적인 삶의 태도를 전적으로 부정했다. 유대의 성직자들이 이스라엘 역사를 왜곡한 행태는 바울이 예수와 초기 기독교 역사를 왜곡하고 전도한 행태와 아주 유사하다.

유대교와 초기 기독교의 왜곡행태는 현실에 대한 불공대천의 적의에서 비롯한 것 같다고 니체는 천명한다. 현실 속에서 스스로를 유지하기 위해 유대인들은 자신들에게 도움이 될 수 있는 모든 지하세계의 힘들을 이용했다. 끈질긴 생존능력을 지닌 민족으로서 유대민족은 어떤 어려운 상황에 직면해서도 '자기의지로 자기보존'이라는 가장 원초적이면서 본능적인 힘을 이용해 모든 데카당스 부류들을 끌어들였다.

물론 유대인 자신은 모든 데카당과 대립적이다. 그러나 그들은 환상에 이를 때까지 데카당스를 표현할 수밖에 없었다. 데카당스는 유대문화와 기독교에 있어 권력을 획득하고자 하는 부류의 인간, 성직자 부류의 인간들에게는 단지 수단에 불과하다. _VIII, 249

야스퍼스는 니체에게 있어 기독교란 유대교의 최후의 귀결이라고 말한다. 기독교의 배경이 된 유대적 본능은 "현실의 최후 형식인 신성한 민족을 … 유대적 현실 자체를 부정했다"(VIII, 249). 니체는 가치들의 탈자연화, 가치들의 위작, 가치들의 그릇된 도덕성으로의 전화轉化, 그가 일컬은 전도과정에 대해 상세히 기술했다. 이 전도과정은 지속이면서 항상 다시금 자기 자신을 넘어서 전개된다. 역사상 유대인들만이 전범위에서, 즉 모든 가능한 가치정립의 분기分岐에서 이 전도과정을 수행했다.

　유대인들은 그들이 미친 영향을 통해서 오늘날 기독교도가 자기 자신을, 그들 자신이 최후의 유대적 귀결로 이해함이 없이, 반유대적이라고 느낄 수 있을 정도로 인류를 허위적인 것으로 만들었다. _VIII, 243

　예수의 죽음 이후 그 제자들은 예수의 사실성, 즉 예수의 진실된 모습을 왜곡하고 거짓된 형상으로 조작하는 부정한 짓을 저지르기 시작했다. 예수는 그의 현실적인 모습과는 다른 모습으로 위작되기 시작했다. 그가 십자가에서 처형 당한 이후 어찌할 바를 몰랐던 제자들은 '예수는 누구였는가? 예수는 무엇이였는가?'라는 물음에 빠져들었다. 예수의 생활실천을 희생시킨 가운데 투쟁의지로부터 대답이 주어졌다. 이제 예수는 무저항으로 일관하던 박애주의자가 아니라 지배계층의 질서에 대항하는 반란자로 나타나게 되었다. 제자들의 원한은 용서를 허용하지 않았다. 이러한 원한감정이 예수의 진리에 대한 왜곡된 해석을 가능하게 한 것이라고 니체는 주장한다. 니체의 주장을 따르면 역사상에서 이러한 원한감정, 즉 복수의 감정을 지닌 민족은 유대민족이다. 이 유대민족의 원한감정이 예수의 죽음 이전부터 작용하고 있던 것을 바울이 그의 신속한 논리로써 결론에까지 이끌어 낸 것이라고 니체는 주장한다.

니체는 기독교를 그것이 생장한 지반으로서의 유대인의 원한감정, 즉 복수의 감정에 대한 병리학적 해부에서 이해한다. 기독교는 일반적으로 기독교도들이 말하는 바와 같이 원한감정에 대한 반대운동이 아니다. 그것은 그 논리적 귀결로서 성직자의, 즉 지배적 유대사회의 허위의 지반에

서 생장한 종교에 지나지 않는다. 그러므로 니체는 다음과
같이 말한다.

기독교는 그것이 생장한 토대로부터 이해되지 않으면 안 된
다. 기독교는 유대적 본능에 대한 반대운동이 아니다. 기독
교는 유대적 본능의 논리적 일관성 자체, 즉 유대적 본능의
무서운 논리에 있어 앞서 나아간 결론이다.

본질적으로 말해서 기독교는 원한감정, 즉 유대적 본능
을 유대교 자체에 대하여 갚아 준 종교이다. 기독교를 이와
같이 유대적 본능의 최후의 귀결로 보면, 그것은 결국 천민
의 원한감정에서 지배계급에 도전하기 위한 수단이 된다.
그러므로 니체는 기독교란 예수가 특별히 강한 어조로 배
척한 원한감정, 즉 복수의 감정을 보다 심화하여 예수와는
반대방향으로 데카당화한 천민의 권력추구의 수단에 불과
하다고 주장한다.
기독교가 구세주로 내세우는 예수도 기독교에 의해서 이
용되는 여러 수단 중의 하나이고 동시에 천민으로서 원한

감정을 품고 지배계급에 도전하는 한갓 폭도에 불과하다.

복수라는 가장 비복음적 감정이 다시금 표면 위로 올라왔다.
사람들은 보복, 즉 심판을 필요로 했다. _VIII, 267ff.

이때 바울이 나타나서 "하느님이 예수를 십자가에 매달
아 처형하는 일을 제물로 주셨다"고 대답했다. 이제 부활과
심판, 개인의 불사라는 교리가 표준적인 것이 되었다. 이
모든 것은 예수에게는 전적으로 생소한 것이다.

4) 기독교의 지속

야스퍼스에 의하면 니체에 있어서 기독교의 역사는 처음
부터 가치전도를 결행해 놓고 영혼을 지배했다는 특징을
지니고 있다. 그러나 이러한 특징으로 말미암아 전례 없는
영혼의 엉클어뜨림이 일어난다. 결국 강자들과 고귀한 자
들이 기독교의 이상들에 굴복하고, 그럼에도 그들의 영혼
이 불가피적으로 투쟁을 계속한다면 사람들의 정신은 강력
한 긴장 상태에까지 상승한다. 그러나 끝내는 기독교적으

로 고양된 이러한 정신이 이완되는 일이 발생한다. 다시 말해서 기독교적 이상의 거짓된 형태들이 생겨난다. 이러한 거짓된 형태들 가운데서 니체가 존경의 염念을 가지는 것은 예수회의 교의다. 그러나 니체가 특별히 경멸하는 것은 세속적 도덕이라든가 자유주의적, 혹은 사회주의적 세계관에 내재하는 기독교적 이상의 거짓된 형태이다. 신앙심이 없음에도 불구하고 유럽인들은 오늘날 여전히 이러한 세계관들로 말미암아 기독교의 손에 이끌려 아장아장 걸어가고 있다고 니체는 말한다.

야스퍼스는 여기서 실례를 통해 기독교의 거대한 역사 영역에서 비롯한 니체의 사상들을 보다 상세하게 예시豫示하고 있다. 니체는 기독교가 스스로를 알리고 넓히는 기술을 특성화하고 있다고 말한다.

이러한 기술에 있어 중요한 점은 그 무엇이 참인가, 아닌가가 아니라 그것이 어떻게 작용하느냐이다.

정직한 지성을 결여한 사람은 감정이 고조될 경우에 자기의 말을 믿을 때까지 온갖 거짓말을 해 댄다.

그러므로 신앙에로 유혹하는 수단을 갖춘 형식적인 학파가 나타나서 자신을 발전시켜 나간다. 저항이 일어날 수 있는 영역들(이성, 철학, 지혜, 불신, 조심)에 대한 원칙적인 경멸. 교리를 주었다는 신이 존재한다는 교리 … 여기서는 그 무엇도 비판되어서는 안 되고 단지 믿고 받들며 받아들여져야 한다는 것 ….

기독교적인 이상이 고귀한 자와 강한 자들의 영혼을 사로잡았다는 것은 기독교가 바라던 것이었지만, 그런 일이 실현될 것으로 기대한 것은 아니었다. 그것은 기독교 역사의 수수께끼다. 니체는 그것을 심리학적으로만 이해할 수 있었다고 야스퍼스는 말한다. 야스퍼스는 다음과 같은 언설 속에서 이러한 관점을 찾고 있다.

기독교적 이상은 지친 영혼의 비겁과 허영심에다 —가장 강한 자들에게도 지친 시간들이 있다— 이와 같은 상황에 있어 신뢰, 악의 없음, 요구 없음, 인내, 자신과 한결같은 사람들에 대한 사랑, 즉 하느님에의 헌신, 자신의 자아 전체를 면직하고 적나라하게 노출하는 식의 모든 것들이 가장 유용하고 바람직한 것이 되는 양 고무한다. _XV. 328

야스퍼스는 니체의 다음과 같은 말을 한 번 더 인용한다.

우리는 기독교의 무엇에 대항해 싸우고 있는가? 기독교가 강자들을 때려 부수고자 한다는 것, 그들의 용기를 꺾어 버린다는 것, 그들의 나쁜 시간들과 권태들을 이용한다는 것, 그들의 안전성을 불안과 양심의 고통으로 바꾸고자 한다는 것, 고귀한 본능들의 힘이, 그것들의 힘에의 의지가 뒤를 향해서, 즉 자기 자신에 대항하는 방향으로 향할 때까지 —강자들이 자기를 경멸하고 학대하는 빗나간 행위로 몰락할 때까지— 유독하고 병적으로 만드는 어떤 것이라고 이해한다는 것, 파스칼이 진술하는 저 소름 끼치는 부류의, 몰락하는 자들의 가장 유명한 실례들이다. _XV. 329

야스퍼스는 이러한 싸움이야말로 니체가 기독교의 예외적 결과로 보고 긍정하고 있는 정신의 긴장을 야기한다고 말한다. 니체는 이 긴장을 통해서 기독교를 극복하고 인간 존재를 고양할 기회를 가질 수 있다고 생각했다. 니체에게는 기독교로부터 발생한 긴장을 지속할 것인지 아니면 중단할 것인지가 역사적으로 커다란 문제이면서 위기이기도 했다.

니체는 기독교보다도 이 긴장이 이완되는 현상을 훨씬 통렬하게 배격하고 있다. 그는 긴장이완이 파국을 초래한다고 생각했다. 예수회 교의 외에도 현대 민주주의 정신 및 그것과 관련된 것들이 긴장이완의 가장 중요한 실례들이다.

자유주의, 사회주의, 민주주의는 본질적으로는 이완될 기독교의 산물이라고 니체는 생각한다. 이러한 정치적 스타일에는 기독교의 명맥이 존속되고 있다. 기독교는 기독교에서 비롯하는 편리한 거짓들을 통해서 세속적인 형태로 유지되고 있다. 철학, 도덕, 근대적 휴머니티, 특히 평등원칙에 근거를 둔 여러 이상이라는 것도 기독교의 이상이라고 니체는 주장한다.

니체가 근대세계에서의 유사 기독교라고 파악한 모습들은 많다. 그 가운데서 가장 친근한 모습은 시민사회 속에서의 안락사이다. 니체가 말하는 바에 의하면 현실적으로 활동하는 인간들은 오늘날 기독교 없이 존재하는 반면에, 정신적으로 중류계급에 속하며 깊이 생각하는 사람들은 다만 새롭게 정돈된 형태의 기독교를 여전히 간직하고 있다.

5) 세계사

니체에 의하면 세계사에 있어 기독교는 여러 현상들 가운데 하나의 현상에 불과하다. 니체에게 있어 역사 전체는 하나의 종결된 모습으로 구현되지는 않는다. 니체는 역사를 가능한 한 최상의 인간유형을 실현하는 그 도상에 있는 전체처럼 살펴본다. 그는 역사를 인간에서부터 인간 그 이상의 것이 되어야 하는 하나의 과도로서 본다. 현대라는 시대에서 완성적 허무주의는 위기에 처해 있다. 이 허무주의는 가장 엄청난 위험이기도 하지만, 거기서부터 또한 가장 위대한 것이 가능해진다.

야스퍼스에 의하면 니체에게 있어 기독교는 전 역사에서 인간을 부패시키고 거짓되게 만듦으로써 그 결과로 나타난 일회적 비운이다.

기독교는 그 기독교를 성장시킨 고대문화와 함께 오늘날에는 비로소 그 생명을 다 소진하는 경지에 이르렀고 마침내는 그 정체가 완전히 간파되고 있다. 이 세계사적 순간은 유일하다. 우리는 더 이상 존속할 수 없고 또한 잊힐 운명에 놓인 그런 과거에 대해 온전히 알고 있다. 그러므로 니체는 다음과 같이 말한다.

우리는 지상에서 기독교의 역사가 역사에서 가장 끔찍한 부분 가운데 하나라는 사실을 대충 간과할 수 있다 … 물론 기독교에 있어 고대문화 역시 우리 시대 속으로 튀어나온 것이다. 기독교가 사라진다면 고대문화에 대한 이해도 더욱이 사라질 것이다. 지금이야말로 기독교를 인식하기에 가장 좋은 시기이다. 기독교를 위한 선입견이 더 이상 우리를 이끌지 않기 때문이다. 그러나 우리는 아직도 기독교를 이해하고 있으며 또한 기독교 속에서 아직도 고대문화를 이해하고 있다.

그래서 니체는 여기서 미래에 대한 섬뜩한 불안감 때문에 가장 깊은 지점으로 가라앉은 오늘의 시대를 긍정할 수밖에 없는 기분에 빠져든다.

우리는 인간의 시간의 중앙에 살고 있다. 위대한 행복. _XVII, 209

야스퍼스는 역사의 이 순간에 있어 기독교는 니체에게 이제 제1순위의 관찰대상이라고 말한다. 이러한 관찰대상에서 니체는 인간 존재의 보편적 필연성들과 인과관계들을 연구할 수 있다. 즉 무력無力이 야기하는 원한에서 힘에의 의지가 정신적으로 창조적이 될 경우에 무력의 작용을, 이러한 전도의 순화를, 가능한 정신적 긴장을, 사제들과 같은 인간유형들을, 무제약적인 진실의 가능성을, 영혼 지배의 방법과 확장기술의 방법 등등을 연구할 수 있다.

야스퍼스는 니체가 이러한 가능성을 연구함에 있어 비교라는 방법을 이용한다고 주장한다. 힘과 무력, 데카당스와 상승하는 삶, 주인들과 노예들, 사제와 같은 유형들, 허무주의 등은 도처에 존재할 수 있다. 그래서 니체는 불교, 이슬람교, 고대문화, 마누법전에서 유사한 현상들을 비교한다. 그는 모든 경우에 거짓말이 실행되고 있음을 확인한다. 그러므로 여기서 중요한 것은 어떤 목적에서 거짓말이 실행되며 그 거짓말이 어디로 향하고 있는지를 구분하는 데 있다. 그는 무엇인가를 짓고 창조하는 거짓말과 기독교 특유의 파괴적 거짓말을 구분할 수 있다고 믿는다. 그가 섬뜩하게 묘사하는 바에 의하면 위대한 그리스의 고대문화가 헛되게 된 것은 기독교에 의하여 야기되었다. 기독교는 로마제국을 파괴했으며 이슬람의 성과를 전멸하였고 르네상스를(본래적 인간을 다시 일으켜 세우는 위대한 작업을) ─루터Luther 의 과오에 의하여─ 헛된 것이 되게 했다.

이 모든 것을 고려할 때 기독교는 이제 최후의 순간에 임박한 듯 기독교 자체에 의해서 정립된 동인들로 수행할 수 있는 것을 준비했다고 야스퍼스는 주장한다. 니체에 따르면 허무주의의 곤경에서 벗어날 수 있을 뿐만 아니라 처음으로 인간 존재를 위한 가장 원대한 계획이 가능하게 될 시대의 전환점에 이르렀다는 것이다. 최상의 인간을 육성하고자 하는 기획은 역사 속에서 일의 이행과정에 대한 지知

로써 획득되어야 한다. 니체는 전체 역사에 직면하여 지금 자기 자신에 대해 최대한 자율적으로 반성하는 순간을 전개하고자 한다. 이러한 반성을 위해서는 지금까지 생성된 기존의 허무주의를 마지막까지 논리적이고 심리적으로 이끌어 가야 하며, 허무주의 자체에 반대운동을 야기하기 위해 허무주의를 최후에 이르기까지 완성하는 것에 도움을 받아야 한다고 생각한다. 신앙의 힘들과 그 결과들, 즉 철학을 포함한 근대 전체의 이상들이야말로 삶에 적대적인 것들로 거부되어야 하며, 바로 거기에 세상을 부패시키는 세계관 대신 세상을 긍정하고 인간을 고양하는 새로운 세계관이 정초되어야 한다. 그렇게 된 연후에야 세계사 자체가 이 세계관에 의해 계획될 수 있을 것이다.

3장

니체는 어떻게
기독교적 동인들에 근거해서 사유할까

1. 세계사에 대한 총체적 지식

니체의 세계사적 비전은 사유의 도식을 기초로 삼고 있다. 이 사유도식이란 마치 우리가 인류사 전체의 진행에 대한 지식을 지닐 수 있는 듯한 사유도식이라고 야스퍼스는 규정한다. 그것은 또한 우리가 우리 시대를 알았고, 그러므로 무엇이 시대에 적합하고 부적합한지를 알 수 있는 듯한 사유도식이라고 말한다.

야스퍼스에 의하면 니체는 인류의 시대 전체가 대부분 의심할 여지없이 규칙적으로 반복되는 현상들에 귀속되어 존재했다고 단정한다. 마치 오늘처럼 항상 그렇게 존재했고 또 그렇게 존재할 것이라는 영원성 속에서 비역사적으로, 즉 철저히 현재적으로 존재했다는 것이다. 니체는 언제나 상황에 따라서 '전대미문의 무력감이나 사물의 질서를 넘어서는 비범한 힘에 대한 의식을 야기하는 자극적인 사유방식은 어디서 유래한 것인가?'라고 묻는다.

그는 이 사유가 기독교에서 유래한다고 대답한다. 창조, 인류의 타락, 신의 아들의 출현, 세계의 종말, 최후의 심판과 같이 인류에게 일어난 사건이 일회적이라는 사상은 엄밀히 말해서 기독교적이다. 기독교도는 전체를 알고 있고 경험적인 역사를 임의의 사건이나 단순한 변화로 보지 않고 초감각적인 역사에 묻혀 있는 것으로 본다. 이를 통해 깊은 의미가 경험적 역사 속으로 꿰뚫고 들어온다. 다시 말해 이 역사 속에서는 언제나 모든 개인들의 영혼 구원에 대한 결정이 일어난다.

야스퍼스는 세계사에 대한 총체적 지식으로서 역사철학이 역사에 대한 기독교적 사유의 바탕 위에서 변화과정을 통과하는 가운데 배태되었다고 주장한다. 헤르더Herder, 칸

트Kant, 헤겔Hegel, 마르크스Marx는 기독교 사상의 혈통에 속하며 니체 또한 이들과 같은 혈통을 가지고 존재한다고 야스퍼스는 말한다.

야스퍼스가 조명해 본 니체에게 있어 인류의 최고점은 소크라테스 이전의 그리스문화이다. 우리가 우리 자신의 진리와 현실성을 창출할 가능성은 비극시대의 그리스문화에 다시 접근하는 데 있다. 고대의 정점은 모든 것을 기독교 속에서 요약하고 종합하며, 축적하고 압도하는 독소들에 의해 파괴되었다. 이 폐허 상태는 2천 년이 지난 지금 심연에 이르렀고 마침내 방향전환을 촉구하고 있다.

야스퍼스에 의하면 니체에게는 전체적인 것이란 없고 영원한 생성만이 있을 뿐이다. 전체가 지닌 의미에 대한 물음 자체는 이미 진리의 추락이다. 전체란 의미와 무의미의 피안에 있다. 더욱이 우주조차도 결코 일자로서 존재하지 않는다.

니체에 있어서 세계사는 그 폐쇄 상태를 파괴하고 인간을 각인하려 시도하는 실험장소가 된다.

역사란 시도를 위한 거대한 시설이다. … 인류는 전진하지
않는다. 인류는 한 번도 실존한 적이 없다. 전체적 국면은 몇
가지는 성공하고 … 말할 수 없을 정도로 많은 것들은 실패
하는 엄청난 실험공장과도 같은 것이다. _XIII. 32

이것은 역사의 모든 견해를 완전히 전도해 놓은 것을 의
미한다.

야스퍼스에 의하면 일찍이 기독교에 근원을 두고 이 근
원에 의해서 니체의 마음을 흔들어 놓았던 것은 마침내 단
일성의 이념이 지양되는 가운데 종결되어 무가 되고, 이제
니체에 있어 영원회귀 사상에 의해 대체되었다. 단순한 실
험장소로서 역사에 관한 지식을 가지고 니체는 완전한 비
기독교적 두 번째 사유를 수행한다. 니체는 전체로서 역사
에 대해 물을 뿐만 아니라, 그것이 어떻게 조정될 수 있는
가에 대해서도 묻는다. 기독교성이 전체적 사건 발생을 전
제했고, 이러한 사건 발생 속에서 개인들의 영혼의 구원을
위한 결정이 단지 개인들에게만 일어났다. 이와 반대로 야
스퍼스에 의하면 니체에 있어서는 의욕적인 인간들의 활동

에 의해서 결정되어야 할 전체적 사건 발생의 방향이 문제시된다. 야스퍼스는 헤겔이 미래에 대한 이러한 물음을 거부했고, 마르크스는 여하튼 필연적으로 일어날 것으로 인식했던 것을 촉진하고자 했다고 쓰고 있다. 그러나 니체는 엄청난 위험을 알아차렸다. 최후의 순간에 방향전환이 실현되지 않는다면 인간은 몰락할 수 있다. 다시금 원숭이가 될 수 있다. 그러나 니체에 있어서 이러한 방향전환이란 최고의 인간을 의식적으로 육성하는 것을 수단으로 하여, 새로운 세계관에서 전체적인 것에 대한 인식을 통해서만 성취될 수 있다. 역사를 조종하는 창조신의 자리에 역사를 계획하며 전체로서 장악하는 창조적 인간이 들어선다.

야스퍼스는 니체 및 니체와 함께 사유하는 현대인이라면 어느 누구도 더 이상 신이라는 일자—者와 관계를 맺으며 살아가지 않는다고 말한다. 다시 말해서 현대인이란 인류 역사의 기독교적인 통일성이라는 길잡이에 결부되어 이 세계와 인류의 역사라는 초월자 없는 일자 속으로 떨어지고 있다고 주장한다. 현대인은 일자로서의 세계내재적 존재란 결코 존재하지 않는다는 사실을 자각적으로 체험하게 된다고 야스퍼스는 역설한다. 통일성이 깨어지는 가운데 우연이 최후의 법정으로서 나타나고 혼돈이 본래적 현실로 나타나며 어떤 무엇인가에 대한 광신적인 집착이 생기고 전체를 실험장소로 보는 견해가 나타나며 전체에 대한 자기기만적인 계획이 나타난다. 이러한 진행과정을 살펴봄으로써 허무주의가 점증한다.

2. "인간에게는 근본적으로 결여된 것이 있다"

니체의 이 말(XIV, 204)은 기독교적 원죄 사상을 전환한 것과 같은 것이다. 니체는 한순간 '가장 어두운 우울'에 침잠해 있을 정도로 인간을 고뇌한다. 인간은 자기 고유한 본질을 가지고 이 세계 내에 던져져서 고정된 상태 그대로 존재하면서 고유하고 불변적인 유형에 순종하는 동물들과는 달리 '아직 확정되지 않은 동물'이다. 그러므로 니체는 다음과 같이 말한다.

인간의 위대함은 그가 다리[橋梁]이지 목적이 아니라는 점이

다. 인간이 사랑을 받을 수 있는 것은 그가 과도過渡이며 몰
락이라는 점이다.

인간을 다리에 비유하고 있다는 것은 인간이 아직 존재
하지 않는 바의 것으로 나아가는 도상에 있다는, 즉 그 무
엇인가의 존재를 향해서 발전하는 과정에, 자기생성을 향
해서 진행되고 있는 이른바 항구적인 도상에 있다는 것을
뜻한다.

인간은 다리이지 목적이 아니기 때문에 위대하다. 만일
인간이 목적이라면 인간은 스스로 목적을 설정할 수 없고
또 자기가 되고자 하는 그러한 존재를 계획할 수 없으며,
오히려 자기의 내세적인 합목적성으로만 결정된다.

이런 경우에 인간이 자기의 내면에서 항상 행하는 것, 즉
인간의 모든 행위는 이미 자기의 내면 가운데 있는 목적을
실현하기 위한 수단에 지나지 않는다. 따라서 이 경우 인간
은 자기초극自己超克에 의해 높은 단계로 발전할 수 없다. 인
간은 목적이 아니기에, 즉 이미 결정되고 확정된 존재가 아
니기에 장차 자기가 무엇을 하고자 하며, 또 자기가 누구이

고자 하는가를 스스로 결정할 수 있다. 따라서 인간은 자유로워진다. 이러한 자유 가운데서 인간은 자기의 내면에 내재하는 정신의 여러 단계들을 자기성찰을 통해 각성하고, 그리하여 지속적으로 자기초극의 길로 나아갈 수 있다. 자기초극은 위버멘쉬Übermensch*의 체험을 가능하게 한다.

인간이 이처럼 고정적인 존재로 확정되지 않고, 부족한 미확정적 존재로 존재한다는 것이 한편으로는 어떤 존재로든 발전할 수 있는 가능적 기회를 가진다는 것이기도 하다. 그러므로 인간은 여전히 모든 것이 될 수 있다. 이러한 근거에서 니체는 인간이 '확정된 동물' 즉 하나의 전형이 되는 것도, 또한 필연적으로 하나의 가축 떼의 전형이 되는 것도 바라지 않는다. 오히려 그 역으로, 확정되어 있지 않음에 인간의 본래적 본질이 있고, 그럼으로써 인간은 자기를 초극할 수 있는 존재라고 니체는 확신한다. 그러므로 니체는

---

* 일반적으로 초인이라고 표현하지만, 그렇게 표현하면 'superman'으로 오해될 염려가 있다. 니체의 철학적 의미의 차원에서 해석할 경우, 초인이라는 언표는 적절치 못하므로 니체학회 회의에서 독일어 발음대로 위버멘쉬라고 표기하기로 결정하였다.

다음과 같이 말한다.

> 단순히 원했고 꿈꾸었던 인간과 비교할 때 현실적 인간이 훨씬 더 가치 있다. _VIII, 139

> 성공한 인간은 '인간'이라는 사실과 인간의 길을 기뻐한다. 그러나 인간은 계속 전진한다. _XVII, 24

야스퍼스는 니체에 있어 인간이야말로 자기 스스로가 자신을 확정하고, 계획하며, 초극하는 존재로 이해된다고 말한다. 니체에 있어 자기를 초극하는 방향으로 계속 나아가는 과정에서의 가능적 비약은 신성 없이 실현된다. 다른 말로 해서 니체는 의식적으로 인간에게 인간을 초월한 그 어떤 것도 부여하고자 하지 않는다. 인간이 인간 그 자신으로 존재한다는 사실에 니체는 기쁨을 느낀다. 그러므로 니체는 다음과 같이 말한다.

우리가 현실적 사물들과 상상적인 사물들에 부여했던 모든

아름다움과 숭고함을 나는 인간의 재산이면서 산물로서 반

환을 청구하고자 한다. _XV, 241

니체는 인간 존재에 대해서 사유할 때 우선은 기독교적

인 동인들에 근거해 사유한다. 그러나 그는 처음부터 기독

교적 내용들, 즉 인간과 신의 관계만은 배제한다. 그러므로

니체는 얼음장 같은 차가운 현실 속에서 망상에 빠지지 않

고 창조적으로 사유하고 있다고 자신한다. 그러나 거기서

자신이 인간 존재 이외에 아무것도 아니라는 사실이 가져

다주는 공허 속에 빠지고 만다. 이러한 공허 속에서 니체는

견디기 어려울 정도로 인간을 고뇌하는 가운데 위버멘쉬의

이념에 이른다.

3. '어디로?'라는 물음

야스퍼스에 의하면 니체는 세계사의 전망에 몰두했을 때

기독교적인 근원을 따랐다. 니체는 처음부터 기독교적인

것을 상실했다. 왜냐하면 그에게 세계사는 신의 언어가 아

니라 세계 자체에서 세워졌기 때문이다. 그러므로 인간의 결여라는 근본 사상에서도 또한 기독교적인 것은 상실되었다. 이러한 인간은 더 이상 신과 연관을 가지고 있지 않았고, 무제약적 진실성 역시 더 이상 신의 요청으로서 신의 진리를 기초로 하지 않았기 때문이다. 그러므로 니체는 그가 정열적으로 장악했던 것을 언제나 스스로 물리쳤다. 다시 말해서 니체는 세계사의 통일성, 결여성을 가진 인간의 모습, 진리에 대해 정열을 다 바쳐 파악한 것을 스스로 배척했다.

야스퍼스는 니체가 기독교적 전통으로부터 자극을 받았다고 하더라도, 한순간이라도 기독교를 재건하는 길이 니체에게 열려 있었던 것은 아니라고 말한다.

야스퍼스는 남아 있는 것이라곤 아무것도 없는 것같이 생각될 경우에 우리가 '어디로?'라고 니체의 길을 묻는다면 이 모든 사유의 근저에 있는 두 가지 서로 연관된 답들을 듣게 된다고 주장한다.

첫째 답은 이미 가장 엄청난 부정 자체를 수행하는 것이다. 즉 모든 도덕과 진리에 대한 부정을 수행하는 것이다.

모든 도덕과 진리는 그 자체가 기독교적 도덕성과 진실성의 결과로서 파악되지만, 이제는 토대가 없는 것으로 통찰된다. 니체는 이 점을 더할 나위 없이 노골적으로 반복해서 진술한다.

> 도덕성에 대한 비판은 하나의 도덕성의 높은 단계에 해당한다 … 진리 자체에 대한 감각은 … 도덕적 감각의 가장 힘찬 꽃피움의 하나다. _XI, 35

> 도덕은 스스로를 목 졸라 죽일 수 있는 끈을 휘감은 것이다. 도덕의 자살은 도덕 자신의 마지막 도덕적인 요청이다. _XII, 84

> 모든 진리에 대한 회의 자체가 진실한 행위이다.

> 모든 진리에의 의지는 무엇을 의미하는가? _VII, 480~482

니체는 이것이 필연적일 수밖에 없다고 말한다.

모든 위대한 것들은 스스로에 의해서 몰락한다. 즉 자기지양
의 행위에 의해서 몰락한다. _VII, 481

　이러한 부정의 종착점은, 야스퍼스에 의하면, 니체가 기
세등등하게 내던진 명제, 즉 "아무것도 진리가 아니다. 모
든 것이 허용된다"라는 명제이다. 그러나 이 명제에는 이중
적 의미가 있다고 야스퍼스는 해석한다. 우선 니체는 이 명
제로써 구덩이 속에 빠진 듯 보인다. 시대의 허무가 자기
자신의 허무로 체험되고 그렇게 체득한 허무가 다시 시대
의 허무로 체험되고 있다. 야스퍼스는 모든 타당성들에 대
한 이러한 근본적인 무관심 속에서의 절망이야말로 니체가
진술한 바와 같이 모든 무신앙자들에게 인력引力이 된다고
말한다. 이제 그 끝은 우연한 동인들이 제지받지 않는 상
태일 수도 있고, 자기 자신의 허무에 맞서는 절망적인 신앙
이, 즉 자신을 그 무엇인가에 붙잡아 두는 광신주의일 수도
있다.
　그러나 이 명제가 지닌 황폐한 의미와는 반대로 다른 의
미가 있을 수 있다. 즉 이 명제에 의해서 인간 내면에 존재

하는 가장 진정한 근원들을 위한 공간이 열린다. 야스퍼스에 의하면 혼돈 속에 가라앉아 버리거나 또는 이 혼돈에 속하는 광신주의에 빠지는 저 '약함'은, 포괄자의 넓음에 근거하여 유한한 대상성들, 명제들 그리고 법칙들의 추정상의 절대성에 묶일 필요가 없는 '강인함의 허무주의'에 의해 극복되어야 한다. 왜냐하면 참된 것과 해야만 하는 것 등이 포괄자들의 가장 깊은 근거들에 의거해서, 그때마다 역사적으로 영원성의 고요 속에서 강함을 지니게 되기 때문이다. 달리 말해서 이 강함 속에서는 인간이 자기 존재 안에서 주어지기 때문이다.

이제 근본적인 부정 이후 '어디로?'라는 니체의 물음에 대한 두 번째의 대답이 지닌 의미를 특징적으로 말해도 무방할 것 같다.

야스퍼스는 진리가 영속하지 않는 자기파괴와 같은 것이라면, 즉 결국에 항상 허무가 현존한다면, 니체의 의지는 곧바로 이러한 허무주의에 대항하는 반항운동이라고 규정한다. 야스퍼스는 니체가 텅 빈 공간 속에서 긍정적인 것을 포착하는 것으로 이해한다.

니체의 두 번째의 대답은 새로운 세계관의 기획이다. 이 세계관은 기독교의 유산으로서, 이 기독교를 밀어제치고 망각하는 것이 아니라 이 세계관에 의하여 성장한 인간 존재의 한층 드높은 위상을 통해 기독교를 압도해야만 하는 것이다. 다시 말해서 이 세계관은 "아무것도 진리가 아니다. 모든 것이 허용된다"는 명제에 근거해 일찍이 있었던 것보다 더욱 깊고 새로운 진리를 창출한다. 그러나 이 두 번째의 대답이 구체적으로 어떤 결과로 나타나는지에 대해 야스퍼스는 다음과 같은 물음을 묻지 않을 수 없다고 말한다.

즉 자기 자신의 이념에 직면하여 니체는 계속해서 첫 번째의 길로 되돌아가 빠져들고 있는 것은 아닌지? 무한한 부정 속으로, 절망적인 주장 속으로, 열광적인 고지告知 속으로, 임의성, 충동성, 폭력성을 해방시키는 쪽으로 빠져들고 있는 것은 아닌지? 니체는 최고의 것을 의욕했던 자가 아닌지? 니체는 우리의 내면에 있는 모든 악마들의 끈을 풀어놓고 싶어 했던, 하나의 권력이 된 채 의지에 반하여 불가능한 것을 열망했던 자가 아닌지? 그렇지 않으면 바로 이 모든 것이 우리를 오도하는 전경이 아닌지?

4장
니체의 새로운 철학

1. 거부하는 입장들과 운동

　야스퍼스는 니체의 철학적인 저항운동에 있어 긍정적으로 평가할 수 있는 말들로서는 삶, 강함, 힘에의 의지, 위버멘쉬, 영원회귀, 디오니소스 등이 있다고 주장한다. 그러나 야스퍼스는 니체의 위버멘쉬, 영원회귀, 디오니소스를 아직 어느 누구도 확실하게 사유하지 않았다고 말한다. 니체가 사실 '삶', '강함', '힘에의 의지'를 엄밀하고 분명하게 규정하지 않았던 탓에 ―이러한 말들은 제대로 이해되지도 않았고 사람에 따라 각각 다른, 그야말로 다양한 형태로 해석되어 왔기 때문에— 그것들에 대한 진정한 의미파악이 지금까지 미루어져 온 것 같다. 이러한 사유에 우리가 감동하는 이유는 이 사유가 지닌 의미와는 다른 점에 있다고 야스퍼스는 말한다. 그에 따르면 이 사유가 지닌 의미가 무엇인지를 깊이 들여다보는 순간 우리는 걷잡을 수 없는 소용돌이 속에 휩싸인다. 그러나 이 소용돌이를 제대로 파악할 경우, 우리는 이 사유에의 진정한 이해를 위한 더 높은 이해의 지평으로 고양될 가능성을 가진다고 야스퍼스는 역설한다.

우리가 이 가능성을 확신하는 한 여기서 기독교에 대한 니체의 관계를 다시 한 번 분명히 살펴보아야 할 것이다.

2. 예수와 디오니소스

야스퍼스는, 니체와 기독교의 관계에서 우리가 반드시 고려해야 할 몇 가지 사항이 있다고 강조한다. 니체가 처음에는 기독교적인 자극에 감동적으로 사로잡혀 있었고, 그 다음에는 기독교에 도전했고, 마지막으로는 이 모든 것이

반전하여 기독교를 부정하기 위해 지금까지 긍정적으로 내세웠던 주장들을 포기했다는 점이다. 야스퍼스는 니체의 이러한 근본 사유구조를 고려하는 가운데 특별히 니체의 예수에 대한 태도를 분석해야 한다고 주장한다.

야스퍼스에 의하면 니체는 예수의 새로운 생활실천에서 드러나는 데카당한 인간전형에 대해서는 부정적이다. 왜냐하면 데카당스는 자기파멸로의 지향을 의미하기 때문이다.

그 무엇이 비복음적이라면 그것은 영웅 개념이다. 모든 투쟁의 반대가 바로 여기서는 본능이 되었다. 무저항이 여기서는 도덕이 되고 있다. _VIII, 252

야스퍼스는 니체가 『이 사람을 보라』에서 이와 아주 유사한 말로 자기 자신에 대해 말한 것을 보고 놀라지 않을 수 없었다고 쓰고 있다.

나의 기억에 여태껏 무엇인가 얻고자 애썼던 적은 없다. 나의 삶에 있어 투쟁의 본능을 드러낸 흔적은 없다. 나는 영웅적 성향을 가진 인간과는 정반대다. 무엇인가에 의욕을 느끼고, 무엇인가를 얻고자 노력하고, 어떤 목적, 어떤 소망을 염원하는 그런 것을 나는 경험해 본 적이 없다. 나는 있는 그대로와 다른 것이 되는 것을 조금도 원하지 않는다. 나 자신조차도 다른 것이 되고자 하지 않는다. _XV, 45

이러한 말들은 니체가 예수에 대하여 사용한 말들과 비교하여 많은 유사점을 가지고 있다고 야스퍼스는 밝힌다. 니체는 예수에 관해서 다음과 같이 쓰고 있다.

그 밖의 모든 것, 자연 전체는 단순히 하나의 기호의 가치, 즉 하나의 비유의 가치만을 가질 뿐이다.

자기 자신에 대해서 니체는 다음과 같이 말한다.

내가 기호들로써 영혼들에 대해 이야기할 수 있다는 것, 바로 그 기호를 가지고 있다는 것 이외에 자연은 무엇을 위해 창조됐는가! _XII, 257

야스퍼스는 니체가 이처럼 자기 자신과 예수 간의 유사점을 무의식적으로 기술하고 있을 뿐만 아니라, 『선악의 피안*Jenseits von Gut und Böse*』에서 드러내고 있는 자신의 입장에, 즉 도덕에 대한 투쟁에서 드러나는 자기의 비도덕주의를 위해 예수를 요구하고 있다는 사실에 놀라지 않을 수 없다고 진술한다.

예수는 심판하는 자의 반대편에 섰다. 예수는 도덕의 파괴자이고자 했다. _XII, 266

예수는 말했다. 신의 아들인 우리에게 도덕이 무슨 소용이 있단 말인가. _VII, 108

니체는 '선악의 피안으로서 신'에 대해 분명하게 말했다. 영원성이 현실 가운데 있다고 하는 문제, 즉 예수가 자기의 생활실천을 통해서 해결한 체험된 지복의 문제 또한 니체 자신의 고유한 문제이다. 야스퍼스는 니체가 예수에 대한 공공연한 애정을 가지고 예수에 대하여 긍정적으로 동의한다고 말한다.

그리스도와 붓다를 두드러지게 하는 것은 내적 행복인 것으로 생각된다. 이 내적 행복이 그들을 종교적으로 만들고 있다. _XIII, 302

야스퍼스에 의하면 니체에게 있어 예수에 반대되는 역할을 하는 위대한 연기자는 디오니소스였다. 니체의 거의 모든 문장들은 예수에 대해서는 대립하고 디오니소스에 대해서는 찬동하는 말로 나타나고 있다. 니체에게 있어 예수의 십자가 죽음은 하강하는 삶의 표현이며 삶에 대한 탄핵이다. 니체는 디오니소스에게서 비극적 환호 속에 상승하는 가운데 항상 자신을 새롭게 탄생시키는 생명을 본다. 그러나 니체는 예수와 동일성을 느끼는 기묘한 이중성에 빠지기도 한다. 니체가 정신착란에 빠져 폐인이 된 상태에서 지인들, 예컨대 페터 가스트Peter Gast, 게오르크 브란데스Georg Brandes, 야콥 부르크하르트Jakob Burckhardt 등에게 보내는 엽서에 자신의 이름을 "디오니소스Dionysos"라고 썼을 뿐만 아니라 '십자가에 못 박힌 자Der Gekreuzigte'라고 언표하여 쓰기도 한 것은 바로 그러한 이중성을 잘 반영하여 주고 있다. 몇 가지 실례를 여기에 옮기자면 다음과 같다.

페터 가스트에게

1889년 1월 4일
나의 악장 피에트로여,
나를 위해 새로운 노래를 불러라.
세계는 빛나고 하늘은 기뻐한다.

십자가에 못 박힌 자

게오르크 브란데스에게

1889년 1월 4일
벗, 게오르크여! 그대가 나를 알아낸 이후 나를 발견한다는 것은 간단한 일이었다. 이제 나를 잃는다는 것은 어려운 일이다.

십자가에 못 박힌 자

야콥 부르크하르트에게

1889년 1월 4일
나의 존경하는 야콥 부르크하르트여, 그것은 조롱이었
습니다 … 참으로 나는 아리아드네와 함께 모든 사물의
황금빛 평형이 되지 않으면 안 됩니다. 모든 점에서.

디오니소스

3. 적과의 동일화

야스퍼스는 니체가 예수에 대항해 투쟁하는 경우에도 자
기 자신을 예수와 동일화하고, 예수에 대해 가차 없는 공격
을 가하다가도 도상에서 공격을 완화하며 예수를 부정하다
가 예수를 긍정하는 이른바 예수에 대한 불가해할 정도의
이중적인 태도를 보인다고 한다. 그러나 이는 니체의 마음
속에서 일반적으로 일어나는 한 실례에 불과하다고 주장한
다. 야스퍼스의 이러한 입장은 다음과 같은 그의 글에서 잘
드러난다.

공격 한가운데서 마치 자기의 적이 마지막까지 살아남기를 바라듯 그 공격을 중단하고 있다.

야스퍼스는 니체가 기독교에 대한 비판 가운데 포함하면서 동시에 이 비판으로부터 제외하고 있는 예수의 형상을 이해하기 위하여, 기독교로부터 이반하는 곳에서 가장 선명하게 울려 나오는 음악과 같은 것을 사실상 공격적 소음 가운데서 듣지 않으면 안 된다고 역설한다.

니체가 예수와 기독교에 대해서 어떤 입장을 취하고 있는지는 저작상의 증언에서 끄집어낼 수 있을 뿐이다. 그의 저작상의 증언에서 드러나고 있는 이른바 '바보', '어릿광대', '궁중의 익살광대' 등의 역할에 대한 분석에서 예수와 동일화하고자 하는 그의 은밀한 의도가 밝혀진다.

니체는 자기동일성, 즉 정체성을 추구하는 데 있어 본능적으로 예수와의 동일화에 근거한다. 왜냐하면 니체에게 예수와의 동일화에 근거하지 않은 자기동일성의 추구는 장차 오고야 말 완성적 허무주의 역사에 한 획을 그을 만한 의미를 결코 가질 수 없기 때문이다.

니체의 예수와의 동일화는, 야스퍼스에 의하면, 형식상으로는 비판과 존경이라는 양극적 양태로 나타난다. 예수에 대한 존경은 반드시 예수에 대한 비판의 음조音調를 수반한다. 이것은 예수와의 동일화라는 목표에 이르기 위한 니체의 고유한 전략이다.

니체가 기독교에 대해 논박을 폭발시켰던 격렬성에 비하면 예수에게 가한 비판은 전체적으로 신중하게 이루어지고 있다. 왜냐하면 예수에 대한 니체의 애착과 존경에의 의지가 비판의 목소리를 약화하도록 강요하고 있기 때문이다.

니체는 이처럼 한편으로는 예수에 대한 깊은 존경심을 간직하고 있는가 하면, 다른 한편으로는 예수에 대해 강도 높은 비판을 가하고 있다. 『즐거운 지식 Die fröhliche Wissenschaft』에서 니체는, 인간들만큼 자기들의 죄로 인해 고통받는 존재는 없다고 생각한 예수에 대해 오류를 범한 것으로 비난한다. 이것이 예수의 첫 번째 오류로 천명되고 있다. 그 이유는 기독교도들이 예수에게 사후死後의 권능을 부여하고 동시에 예수의 오류를 진리로서 신성화하여 받아들였기 때문이다. 예수 또한 신의 심판 사상을 주장하고 있고, 이와 동시에 자기 자신을 사랑의 대상으로 설명하고 있다는 점에서 자기의 오류를 충분히 인식하지 못하고 있다는 것이다. 니체는 이러한 입장을 다음과 같이 진술한다.

> 가령 신이 사랑의 대상이 되고자 했다면 무엇보다도 먼저 심판과 정의의 사상을 포기했어야 했을 것이다. 심판자는 비록 자비로운 심판자라 할지라도 결코 사랑의 대상이 아니다. _FW. 140

니체는 『안티크리스트*Der Antichrist*』에서 예수를 '저주받은 자들'과 '죄지은 자들'에게 기존 질서에 대한 부정을 외친 정치적 범죄자로 규정하고 있다.

이 때문에 니체는 예수를 십자가에서 죽임을 당한 신성한 무정부주의자로 간주한다. 그러나 니체는 기독교 교의에서 기적을 일으킨 거친 사람이자 구세주인 예수에 관한 우화와 복음에 대하여 결정적으로 대립하고 있지는 않다. 니체가 관심을 두고 있는 것은 구세주의 심리학적 유형이다. 구세주의 심리학적 유형은 복음서가 아무리 기형화되고 이방적인 특성을 지니고 있다고 하더라도 복음서 가운데 포함될 수 있다. 니체가 복음서들의 진귀한 '근원적 원전'을 파헤치고자 하는 시도에서 보여 주고 있는 것은, 야스퍼스가 말한 바와 같이, 가까이 서 있는 것 같으면서 자기 자신과 거리가 먼 모든 부정과 대립의 저편에 있는 예수상像이다. 이러한 시각에서 볼 경우 예수는 천진난만한 대변자이다.

여하튼 예수에 대한 제한된 긍정은 반기독교적인 부정의 맥락 가운데 서 있다. 니체는 기독교에 대한 비판을 한층 더 격렬하게 촉진하기 위하여 예수를 기독교에 대한 비판에서 예외로 하고 있다.

아무리 예수에 대한 모든 긍정의 다리가 철거된다고 하더라도 니체는 예수에 대해서 공공연한 존경의 관계, 즉 무의식층에서 경탄과 결속의 관계에 선다. 적대자와의 동일화라는 말은 무의식층에 있어서와 같이 그의 부단한 투쟁전선에 통용되지 않는다. 그러므로 적대자와의 동일화라는 말은 결코 우연한 것이 아니고, 오히려 니체가 궁극적인 창조에의 열망에서 묘사했던 자화상을 혼동하지 않도록 하기 위하여 모순 가운데 유지되었던 애정의 표현이다.

니체는 끊임없이 자기 자신을 추구하고 있기 때문에 적대자와의 투쟁에서 자신의 정체성을 확인한다. 적대자와의 투쟁은 니체를 두 가지 상반된 형태로 이끌어 가고 있다. 즉 하나는 '안티크리스트der Antichrist, 반기독교도'이고 다른 하나는 '십자가에 못 박힌 자'이다.

니체는 자기의 정체성을 반기독교도로서 이해하고 있는 것과는 반대로, 근본에 있어 자기 자신이야말로 유일하고 진정한 기독교도라는 주장으로 자기동일성이라는 목표에 도달한다.

4. 어릿광대 역할을 통한 예수와의 동일화

니체는 기독교의 인간학적인 전회를 촉구하기 위해 삶의 최후까지 어릿광대 역할을 연기하고 있다. 니체는 어릿광대의 가면을 쓰지 않고는 기독교의 인간학적인 전회를 촉구할 수 없다고 생각한다. 니체가 『차라투스트라는 이렇게 말했다*Also sprach Zarathustra*』의 결론을 어릿광대의 기분으로 썼다고 고백하고 있는 —1885년 2월 14일 하인리히 폰 쾨젤리츠Heinrich von Köselitz, 필명 Peter Gast에게 보낸— 편지는 이러한 인상을 한층 강하게 느끼도록 해 준다. 가령 다른 어떤 방식으로도 가져올 수 없었던 진리를 군주에게 말하는 것이 궁중 익살광대의 가장 고결한 임무였다고 생각해 볼 경우, 기독교의 인간학적인 전회를 위한 니체의 이러한 도발적인 역할은 충분히 이해됨 직하다. 니체 자신의 내면에서 결의하고 있는 은밀한 전략에 의하여 연출된 어릿광대의 역할은 예수가 바보로서 수모를 받고 있는 다음과 같은 우롱을 상기시킨다.

루가복음(23장 6절-16절)의 그리스도 수난에 의하면 예수가 헤로데herode 왕 앞에서, 그 밖의 복음서에 의하면 총독관저 (마가복음 15장 16절-20절)에서, 그리고 이전에 이미 감시원 (루가복음 22장 63절)에 의하여 여러 차례 가해지고 있던 것을 참고 견뎌야 했던 우롱을 상기하게 된다. _GA, 114

우리가 이러한 형상의 맥락을 감히 단어 가운데서 파악

하고자 할 경우 이것은 니체가 —비판자와 바보의 역할이라는 이중의 은폐에서— 사실상 복음을 전하는 사자의 흔적을 추적하는 방향으로, 그리고 더욱이 이러한 혈흔血痕이 돋보이는 곳을 향해 나아가는 것을 의미한다. 역으로 말해서 어릿광대의 연출에 의하여 예수의 위대성이 드러나고 기독교의 인간학적인 전회가 촉구되고 있다.

그러므로 니체가 어릿광대의 역할을 연기하는 가운데 기독교에 대하여 감행한 공격이, 그를 단순히 기독교에 대하여 가장 파격적으로 반론을 제기했고 또 이러한 반론으로써 기독교 내부의 힘과 기선을 박탈하고자 한 사람으로 분류할 수밖에 없는 그러한 계기로서만 수용되어서는 안 된다.

무엇보다도 니체가 연기했던 어릿광대 역할로부터 예상할 수 없는 정신감응의 충격이 나오고 있다. 말하자면 일찍이 봉건시대의 궁중 익살광대의 경우와 같이 이 어릿광대의 역할로부터 다른 어떤 사람도 이러한 형식과 예리함으로부터 진실하지 못했던 진리가 말해지고 있다. 다시 말해서 그의 어릿광대 연기로부터 철저하게 감행되고 있는 비판적 공격이 우리로서는 예상하지 못했던 통찰을 밝혀 주고 있다. 이러한 근거에서 니체는 기독교가 받고 있던 비판에 대해 부지런히 변호하고자 힘썼던 기독교 변호자들 이상으로, 반론을 통하여 더욱더 효과적으로 기독교에 공헌하였던 레싱Lessing 및 키르케고르와 동일한 대열에 들어간다.

니체는 어릿광대 역할을 통해서 예수와의 동일화를 확인한다. 이러한 동일화의 선상線上에서 니체는 궁극적으로 세계사를 둘로 나누는 실험적인 작업을 시도한다. 구체적으로 말해서 지금까지 존재해 온 세계사를 예수에 의해 지배된 것으로 승인한다면 장차 올 세계사는 니체 자신에 의해 형성되는 그러한 '철학함Philosophieren'에 착수한다.

이러한 위대한 역사役事를 완성하기 위해 니체는 우선 기독교의 쐐기돌로서 신을 제거하는 일부터 시작한다. 니체에게 이것은 신에게 양도했던 속성을 인간에게 반환하는 것을 의미한다. 그러나 신에 대한 인간적인 속성의 반환 청구는 결국 니체에게 좌절을 맛보게 하고 있다. 구조적으로 볼 때 니체는 신에게 양도했던 속성을 인간에게 반환하고

자 했고, 결국은 별도리 없이 이런 부담에 짓눌리고 만 지극히 결연한 실험철학자로서 좌절을 맛본 셈이다.

> 신의 제거를 통해서는 세계도 인간도 구제되지 않았다. 그러므로 신을 제거하기 위한 엄청난 투쟁의 최후에는 니체가 바랐던 바와 같이 신과 무無의 정복자가 있었던 것이 아니고 무無만이 있었을 뿐이다. _GM II, 24

그러나 예수와의 동일화라는 한 형식으로 어릿광대의 역할을 통해 기독교의 인간학적 전회를 촉구함으로써 기독교와 교회가 부단히 자기반성의 계기를 가질 수 있다는 것으로 그 좌절의 철학적 의미는 심화된다.

5. 대립자들에 대한 배척

야스퍼스는 여기서 우리가 니체의 현실감각과 가치감각이 가지고 있는 최종적이면서 가장 포괄적인 양극성을 만난다고 말한다.

니체는 세계사적으로 본 전선의 한 측면에 서서 자기 자신에 있어서도 고유한 가능성들로 반대 입장들을 견디어내면서 모든 대립들을 지양한다. 그러므로 야스퍼스에 의하면 우리는 니체의 풍성하고 전투적인 설명들 속에서, 즉 공격의 소음 속에서 지극히 드문 고요한 문장들을 탐색하지 않으면 안 된다. 이 문장들은 그가 창작활동을 한 마지막 해까지 항상 반복해서 나타나고 있다. 야스퍼스는 이러한 고요한 문장들을 통해 니체가 모든 대립들을 배격하고 있다는 사실을 알 수 있다고 말한다[니체는 이것을 예수의 기쁜 소식의 근본 특성으로 생각했다. 더 이상 대립은 없다는 사실(VIII, 256)을 니체는 자기 자신의 근본 명제로 삼고 있다].

우리를 인간화하는 것에 어떤 의미가 있다면 그것은 우리가 과도한 대립을, 일반적으로 대립들을 더 이상 필요로 하지 않는다는 사실이다. _XV, 224

대립성들 속에 단단하게 매달려 있는 것은 허무주의의 취약이다.

대립들이란 쉽사리 파악되기 때문에 천민들의 시대에나 상
응한다. _XV, 166

야스퍼스는 니체가 대립 속에서 투쟁하는 그 자신을 고
차원적인 통일성 속에 합쳐 보려는 놀라운 시도를 하고 있
음을 발견한다. 여기서 가장 극단적인 것은 예수를 긍정하
는 방식이다.

6. 극단과 척도

야스퍼스는 대립은 극단으로 나아가며 투쟁은 대립에서
생긴다고 말한다. 니체가 생각하는 바로는 극단적인 것에
옮겨진 대립으로서의 극단은 다시금 약함에 속한다. 약함
은 극단적인 것 없이는 살아 있을 수 없다. 그러므로 니체
는 침몰하는 시대의 위기가 가져다주는 긴장 상태를 다음
과 같이 특징짓는다.

극단적인 것들이 출현하여 우위를 차지한다. _XV, 148

그러나 극단적인 것은 다시금 극단적인 것을 야기한다.

극단적인 입장들은 완화된 입장들에 의해 해체되는 것이 아니라, 다시금 그 반대되는 극단적인 입장에 의해 해체된다. 그러므로 신과 도덕적인 세계질서에 대한 믿음이 더 이상 유지되지 못할 때 자연의 부도덕성에 대한 믿음은 감동이 된다. _XV, 181

"신은 너무나도 극단적인 가정이다"(XV, 224)라는 것이 기독교에 대한 비난이 된다. 이와 반대로 니체는 다음과 같이 주장한다.

어떠한 인간이 가장 강력한 자로서 증명될 수 있는가? 그는 바로 어떤 극단적인 신앙 명제도 필요로 하지 않는 그런 절도 있는 인간이다. _XV, 186

야스퍼스에 의하면 니체야말로 극단적인 인간이었다. 니체가 표명한 많은 문장들에서 그것을 감지할 수 있다. 사실 니체 자신도 그것을 의식하고 있었다. 니체는 자기 사유의 이러한 측면이 공공연하게 승리했다고 의식하고 있었다. 더욱이 니체는 이러한 근거에서 끔찍스러울 정도의 승리감에 젖어 있었다.

우리들 비도덕주의자는 결코 거짓말을 필요로 하지 않는다 … 그렇지만 우리는 진리 없이도 권력을 획득할 것이다 … 우리를 위해 싸워 줄 마법은 극단이라는 마술이다. _XVI, 193ff.

니체는 다시금 극단에 대항하여, 즉 자기 자신에 대항하여 척도에 대해서 다음과 같이 말했다.

척도와 중용中庸이라는 두 가지 아주 고귀한 것에 대하여 사람들은 결코 잘 말하지 못한다. 극소수의 몇몇 사람만이 내적 체험들의 신비로운 좁은 길과 방향전환을 근거로 하여 그것들의 힘과 징후를 알고 있다. 그들은 그것들 가운데서 어떤 신적인 것을 외경하고 날카롭게 울리는 말소리를 싫어한다. _III, 129

그 이후에 니체는 다음과 같이 말하고 있다.

우리는 우리 인간의 위치에 대해서 우리를 속이지 않고, 우리의 척도를 엄격하게 관철하고자 한다. _XIV, 320

이것은 인간성에 속하는 일이다.

7. 전 체

야스퍼스는 한 사람의 사상가를 이해하기 위해서는 그 사상가가 보여 준 개별적 국면에 의거하기보다는 그 사상가가 드러낸 전체성, 즉 포괄적인 것에 의거해서 이해해야 한다고 주장한다. 다시 말해서 야스퍼스는 어떤 사상가에 대한 이해는 그 사상가가 성취한 가장 깊은 곳에 근거해서 시도되지 않으면 안 된다고 말한다. 현상적으로 드러난 것도 그 가장 깊은 곳에 따라서 적절한 위치를 부여받아야 한다. 야스퍼스에 의하면 니체의 경우 현상적으로 드러난 것은 ―특히 정신붕괴 직전 마지막 저작물들에서는― 기독교에 대항하여 그것을 절멸하고자 하는 의지이다. 이러한 의지는 새로운 철학을 통해서 기독교와 허무주의를 동시에 극복하려는 경향을 드러내고 있다. 그러나 니체의 전체 의지는 이와 동시에 이러한 지배적인 경향을 지양해야만 할 사유방식을 현실화하고 있다고 야스퍼스는 역설한다.

니체는 스스로 자기의 명제들을 판단할 수 있는 척도들을 제공한다. 그러나 그는 일정하고 체계적인 질서를 세우는 것이 가능한 척도들을 제공하고 있지는 않다. 사실 니체에게 운명적으로 들이닥친 편두통과 시력 감퇴를 동반한 안질은 그로 하여금 자연과 사람과 도시를 피해 알프스의 깊은 오지奧地를 찾아다니며 고독을 만끽하게 만들었다. 이러한 병고와 고독은 역동적인 창조작업을 완만하게 수행하게끔 했고 자기 사유의 체계적인 통일성에 대해 기도하는 것을 어렵게 했다. 정신붕괴 직전에 니체가 한 말에 의하면 그는 적어도 순간적으로나마 사상의 체계 전체를 비전 속에다 현전시켰다.

야스퍼스의 견해에 따르면, 니체의 사상체계 전체가 표현되었다고 상상해 볼 경우, 거의 모든 문장의 음조가 변하고 내용이 상대적으로만 해석되며 그 문장들 각각이 유리된 상태에서 다방면에 연관을 가지는 것으로 생각될 것이다. 야스퍼스는 오늘날 우리가 니체가 수행하는 판단의 중용과 근원을 찾고자 해도 그 궁극적인 근원이 어디에 있는지 알 수가 없다고 주장한다. 그러므로 우리로서는 그 궁극적인 근원에 대해서 쉽사리 진술할 수 없다.

야스퍼스는 만일 우리가 니체의 사상 속에서 포착하는 움직임을 따르게 될 경우, 즉 우리가 마음에 드는 어떤 한 입장에 머무르지 않을 경우 우리는 니체와 함께 소용돌이 속에 빠져들게 된다고 경고한다.

이 모순들은 우리를 고요히 있도록 그냥 두지 않는다. 바로 이 모순들에 의해 그 모순들 자체 속에서 ―그 자체로는 그 어디에서도 스스로 현존하지 않는― 그런 진리가 자기 자신을 알리기 때문이다.

야스퍼스는 여하튼 우리가 니체를 끝까지 따라간다면 기존의 이상들, 가치들, 진리들, 실재들 가운데 남아 있는 것이라곤 아무것도 없게 된다고 주장한다. 이 모든 것이 비록 이 시대에 있어 그 어떤 곳에서든 진정한 실재로서 주장되었다고 하더라도 결국 침몰할 뿐이다.

야스퍼스는 니체의 현실적 사유와 오늘날 시대의 일반적인 언어가 된 니체 사이에는 커다란 간격이 있다고 말한다. 야스퍼스에 의하면 한편으로는 오늘날 시대의 가면을 벗겨내는 그의 심리학적 사상으로 말미암아, 다른 한편으로는 그의 반기독교로 말미암아 니체는 모든 사람들의 공유재산이 되었다. 그의 철학적 사유 자체에서 볼 때 니체가 말한 심리학이며 반기독교의 영역들은 자기 고유한 궁극적 진리를 지니지 않은 단계들이고 수단들에 불과하다. 니체는 모든 위대한 독일철학자들과 마찬가지로 다 알려지지 않은 채 남아 있다. 야스퍼스는 니체가 자기 시대에 흘려보냈던 이러한 철학함의 심오한 흐름은 대중에게 알려지지 않았다고 주장한다. 그럼에도 야스퍼스는 이러한 철학함을 실현한 철학자에 대해 여러 입장들이 공공연하게 유포되는 것은 엄연히 사실에 속한다고 말한다. 그렇다고 하더라도 니체의 철학함에 대해 일반적인 사람들에 의하여 이해되고 해석된 것이 결코 니체 철학함의 본질로 간주되어서는 안된다고 야스퍼스는 경고한다.

니체의 철학함의 본질적 의미는 그것에 대한 특정한 입장에 있는 것이 아니다. 그 의미는 시대적 상황을 변화의 폭풍 속으로 몰아넣고, 따라서 이 휘몰아치는 철학적 변화의 거센 바람에서 니체 철학의 본래성이 비롯한다고 보아아 할 것 같다. 그러므로 야스퍼스는 니체의 철학함의 의미는 객관적 내용에 있는 것이 아니고, 그것을 수용하는 방식에 있다고 주장한다. 이러한 근거에서 니체의 철학함에 대한 특별한 연구태도가 요구된다고 야스퍼스는 말한다.

8. 니체 연구에 필요한 조건들

야스퍼스는 니체 연구에 있어 어려운 부분은 외적인 것들이며, 따라서 니체를 읽을 때 두 가지 점을 잊지 말아야 한다고 역설한다.

① 니체가 원고지에다 끄적거려 놓은 기록들과 순간적 착상들은 모두 니체가 쓴 작품에 속한다. 니체 자신이 그의 최상의 사상들로부터 일탈할 때에도, 그가 환상적인 것과 유희적인 것에 빠질 때에도, 그의 문장들 가운데서 조밀

한 전경 덤불이 확장되어 전개될 때에도, 순간의 열정이 그를 고의적으로 부당한 태도를 갖도록 할 때에도 이 모든 것은 더욱더 명백해진다. 그 이유는 비망록들과 그가 더 이상 비판적으로 검토하지 않는 것들도 그의 작품에 포함되는지 구별할 수단이 없는 데 있다. 왜냐하면 가장 본질적이고 근원적인 사상들 역시 바로 일시적인 비망록 속에 보존되어 있기 때문이다. 그러므로 야스퍼스는 우리가 하나의 완성된 것을 언제나 눈앞에서 보고 있다고 생각하지 말고 견고한 작품과 무수한 파편들이 동시에 생겨나는 '사상 제조공장'에 참석하고 있다는 생각으로 니체의 작품을 읽어야 한다고 주장한다.

② 야스퍼스는 니체의 작품이 질병의 그림자 속에서 창작되었다는 사실을 무시한 채 그의 모든 것을 진리로 받아들여서는 안 된다고 말한다. 또한 니체가 정신질환에 시달렸다는 이유만으로 그의 작품 전체를 병적 의식의 산물로 보고 그 의미를 폄하해서도 안 된다고 주의를 준다. 그뿐만 아니라 야스퍼스는 이처럼 니체의 작품을 읽을 때 반드시 가져야 할 신중하고 객관적인 태도를 견지할 것을 특별히

강조한다.

야스퍼스는 이러한 두 가지 사항을 근본태도로 체득하고 있을 때 우리가 니체의 본래적 사유에 접근할 수 있다고 역설한다. 그럼에도 그는 우리가 니체를 연구할 때 실질적인 어려움에 직면할 수밖에 없다고 주장한다.

니체는 서로 상반되는 것과 모순되는 것까지도 말하고 있는 것같이 생각된다. 그러므로 야스퍼스는 니체가 의미하는 진리를 하나의 명제 속에서 찾는다는 것, 즉 하나의 고정된 형태 속에서 찾는다는 것은 처음부터 불가능하다고 말한다. 니체 연구는 먼저 니체가 표출한 사유들의 직접적 의도를 숙고하고, 그다음에 그 사유가 전개되도록 시도하며, 그리고 나서 그 사유가 변경되고 스스로를 지양하도록 해 주어야 한다고 야스퍼스는 말한다. 야스퍼스에 의하면 니체에 있어 말하여진 모든 것들은 가상을 발현한 것들이다. 이 가상은 어디에도 없고 또한 어디에나 존재하는 전체로서만 비로소 존재하는 진리의 표현일 수 있다. 니체의 작품에는 우리를 오도할 이율배반이 있다고 야스퍼스는 말한다. 이 이율배반은 마치 지금 말해진 것이 진리 자체인 양

내세워지는 절대확실한 주장들의 격렬함과 다시금 모든 것을 지양해 버릴 수 있는 가능성이라는 무한한 변증법 사이에 존재한다.

9. 니체 이해의 한계

야스퍼스는 우리가 니체를 바르고 참되게 이해하고자 한다면 무엇보다도 우리 자신이 니체 전체를 맞대면해서 그와 더불어 그의 고뇌와 진실을 체험해야 한다고 말한다. 다시 말해서 야스퍼스는 이 시대가 고뇌하고 있는 허무주의를 니체가 시대에 앞서서 선구적으로 감지하고 체험했던 그토록 무거웠던 정신의 아픔을 우리가 온몸으로 감지했을 때만이 니체에 대한 진정한 이해가 가능하다고 역설한다.

니체의 이 무거운 체험을 가까이서 그와 동일한 아픔을 느끼며 체험한다면, 우리는 시대의 정신적 위기를 자기 스스로가 제물이 되어 고뇌하는 예외자 니체의 모습을 보게 된다고 야스퍼스는 말한다.

야스퍼스에 의하면 니체는 현실 안주를, 기성의 가치체

계에 의지하여 사유하고 행위하는 것을 거부한다. 니체는 기존의 토대를 파괴해 버리고 새로운 세계를 향해 나아가는 과감한 행위를 시도한다. 다시 말하면 니체는 어떤 안일한 세계도 저버리고 모든 지반을 무너뜨리며 자기 몸을 은신할 수 없는 어떤 위험한 곳에라도 몸을 맡긴다. 왜냐하면 그는 이렇게 함으로써만 그에게 가능한 한 가장 깊은 진리가 나타날 수 있는 한계에 이르기 때문이다. 그러나 이와 같이 자기 자신을 위험한 상태에 내맡겼을 경우에는 현실적 삶도 충실한 삶의 가르침도 불가능해진다. 니체의 사유에는 부단히 불명료한 다양성이 나타난다. 니체는 진리가 지닌 평안도 얻지 못하고 도달한 목표에서 느끼는 긴장완화도 얻지 못한다. 그는 언제나 자기 자신의 것이 아닌 목소리를 자기 사유의 기분 속에 받아들이게 된다. 그는 소년 시절에는 바그너주의자Wagnerianer였다가 그다음에는 허무주의적 파괴자가 되었으며, 나중에는 비장한 격정자 및 예언자와도 같았다. 그러나 이 모든 것을 배척하고 부정하며, 더 나아가서는 이것을 뛰어넘어 서고자 했다. 이러한 극복에의 의지는 어둠에 덮여 있어 분명한 인식을 거부하는 듯하다.

야스퍼스는 니체란 어떤 사상가의 부류에도 분류될 수 없다고 말한다. 그러나 굳이 분류하자면 파스칼Pascal, 키르케고르, 도스토옙스키의 대열에 귀속할 수 있다고 말한다. 이러한 사상가들을 서로 비교해 보면 근본적으로는 상이하다. 그러나 그들은 인간 존재의 세계사적 전환기에 있어 위대한 희생자와 같은 존재이다. 가까이서 그들의 베일을 벗기면 예외자가 가지는 반시대적 저항정신을 찾아볼 수 있을 것이라고 야스퍼스는 말한다. 그들이 지닌 예외자의 반항정신은 바울, 아우구스티누스Augustinus, 루터에서도 발견된다. 그러나 니체는 이들을 보고자 하지 않았고, 하물며 자기 자신마저도 보려 하지 않았다. 그럼에도 니체는 끊임없이 자기 자신을 개명開明하며 자신의 사유를 수행했다고 야스퍼스는 쓰고 있다.

니체는 우리에게 어떤 길도 제시해 주지 않고, 신앙도 가르쳐 주지 않으며, 우리를 토대 위에 세워 주지도 않는다. 니체는 우리에게 평안을 주지 않고, 끊임없이 우리를 괴롭히며, 베일을 드리우는 것을 가로막는다. 니체는 우리를 무

속에다 가져다 놓음으로써 곧바로 우리로 하여금 이 무를 통해서 무한히 전망할 수 있도록 넓은 공간을 마련해 주고 자 한다. 다시 말해서 니체는 우리가 디디고 서 있을 지반 이 무너지고 없다는 현실을 깨닫게 해 줌으로써 우리로 하 여금 진정한 근거를 파악할 가능성을 마련해 주고자 한다.

가령 우리가 니체를 읽는 가운데 때때로 우리에 대한 특 정한 요구들을 제시하는 듯한 니체의 말소리를 듣는 경우, 이것은 우리가 모든 요구들을 결국에 다시금 지양하고, 우 리들로 하여금 전적으로 우리들 자신으로 되돌려 놓는 도 상에 있음을 뜻한다.

야스퍼스는 니체와 같은 이런 사유가 한 번 현전한 이후 에도 우리가 만일 니체에게 감히 우리를 내맡기지 않는다 면, 즉 만일 부조리하고 개별적인 문제들에 대한 비판에 근 거하여 전체가 더 이상 우리들에게 영향을 미치지 못하도 록 한다면 우리는 진실하지 못하게 된다.

만일 우리가 니체의 명제들에 내포된 진리를 전혀 확신 하지 않고, 진리에 근거해서 니체의 명제들에 반대하는 주 장을 펴면서 니체의 명제에 대하여 답을 주고자 한다면 우리는 이 명제들에 대하여 어떤 태도를 취해야 하는가?

그것은 첫째, 경험적으로 그리고 합리적으로 검증 가능한 것과 결단 가능한 것을 구별하는 태도이다. 즉 니체의 저서 도처에서 아주 분명하게 진술된 방법적·학문적 진실을 받아들이는 태도이다. 다시 말해서 그것은 우리가 아는 것은 무엇이고, 모르는 것은 무엇이며, 탐구 가능한 것은 무엇이고, 불가능한 것은 무엇인가를 인식하기 위해 니체의 저서 도처에서 진술된 진실을 받아들이는 태도이다.

둘째, 가치평가들과 견해들을 우리들의 본질과 함께 검토하는 태도이다. 즉 그것은 우리들의 내면에서 명확한 감정으로 느껴질 수 있는 것이 조용히 그 내면에서 전개되도록 하는 태도이다.

셋째, 우리가 특별히 철학적 사유운동을 자기화하는, 즉 특히 강제적인 인식과는 다른 어떤 인식을 우리에게 드러내 보이는 변증법적인 사유운동을 자기화하는 태도이다. 다시 말해서 우리가 니체의 사유를 사실상 철학적으로 파악함으로써 그가 하나하나 떼어서 말했던 것을 그의 사유 전체 속에 받아들이고 그것을 통해서 그의 상대적 진리를 체험하거나 또는 그의 사유 전체를 받아들일 수 없게 만드는 탈선을 경험하는 태도이다.

야스퍼스는 니체의 사유 속에 몰입하고자 하는 사람이라면 그 사유 가운데 신뢰할 만한 것이 있다고 스스로 판단하여 그것을 자기의 내면에서 표출할 수 있어야 한다고 말한다. 니체의 사유 속에서 분명히 노출되고 극복되고 보다 많이 보완되고, 불충분하며, 부단히 침몰할 것 같은 무엇인가가 감지될 경우 그 사람은 니체에게 귀 기울이는 인간을 향하여 압박하는 비상한 요구에 직면한다. 다시 말해서 그러한 사람은 니체의 사유 속에서 높은 차원의 인간의 자유를 요구하고 있다는 사실을 직감한다고 야스퍼스는 말한다. 이러한 자유는 모든 것을 내동댕이치는 공허한 자유가 아니라 인간의 역사적 깊이에서 인간 자신으로는 알 수 없지만, 인간이 자기에 증여된 것으로서 받아들인 그런 충실한 자유를 뜻한다. 야스퍼스는 단순한 문장들이 드러내는 궤변, 그럴싸한 인식, 극단에 의하여 야기된 도취, 임의적인 충동성에서 오도되는 사람이란 처음부터 니체의 저주를 받는다고 말한다.

니체는 문장들에서 저주를 표명하고 있다. 즉 니체는 '넉살 좋은 찬미자들'과 '차라투스트라의 원숭이'를 거부할 뿐만 아니라, "자격도 없고 전적으로 적합하지도 않은 사람이 언젠가 나의 권위에 의지하지 않을까"라는 우려에 의해서 이러한 저주를 표명하고 있다. 니체의 사유에 직면하여 자기 자신을 기만하고 오도하는 인간에 대해 니체는 그러한 부류의 인간들을 절멸하겠다고 절규했다.

> 오늘부터 나는 이러한 인간들에게 빛이 되거나 빛이라고 불리기를 바라지 않는다. 이런 인간들에게 눈이 부시도록 해주리라, 나의 지혜의 섬광이여! 이러한 인간들의 눈을 후벼 파내리라! _VI, 421

야스퍼스는 마치 우리를 거부하는 듯한 느낌을 주는 니체의 말을 인용하여 이 책을 마무리 짓는 것을 결코 쾌적하지 못한 것으로 생각하는 것 같다. 야스퍼스는 다음과 같은 말로써 하나의 철학적 여운을 남기는 가운데 이 책에서의 니체 조명을 마친다.

모든 것은 우리 자신에 달려 있다. 니체를 통해서 우리 자신
을 투명하게 밝히는 것만이 진리이다.

5장
니체의 기독교 비판에 관한 포괄적 개요

　니체는 자기가 살았던 1800년대 후반기의 시대를 가장 위험한 적으로서 인식하고 있었다. 니체 자신이 저술한 『반시대적 고찰*Unzeitgemässe Betrachtungen*』이 출간된 지 얼마 안 되어 『예수의 생애*Das Leben Jesu*』의 저자인 슈트라우스Strauss 가 죽었을 때, 니체는 슈트라우스의 갑작스러운 죽음이 자기가 감행했던 격렬한 공격과 몇 가지 원인이 겹쳐서 일어난 것이라고 믿고 있었다. 그러나 슈트라우스에 대한 공격과는 비교도 안 될 만큼 가혹할 정도로 감행된 그의 기독교 공격은 철저한 살인적 광란이 되고 있다.

　니체는 자기 자신과 반대되는 성경의 구절들을 알리고

자 하는 실천적 처리 경향에 따라 『도덕의 계보』에서 강력한 영향을 미치고 있는 테르툴리안Tertullian의 원전을 인용한다. 한스 폰 캄펜하우젠Hans von Campenhausen의 진술에 의하면 테르툴리안의 원전은 (중세의) 어떤 기독교도도 일찍이 기술하지 않았던 섬뜩할 정도의 압도적인 사디즘과 같은 것을 기술하고 있다. 한스 폰 캄펜하우젠은 이러한 판단을 충분히 검토하지 않고 『안티크리스트』와 『이 사람을 보라』의 종장에서 언어 토론사상 결코 비할 바 없는 폭발 상태에까지 이르는 니체와 연결하고 있다. 그에 의하면 이러한 저작에서 니체는 정언적 명령을 가지고 인간을 협박하고 괴롭히는 기독교적 도덕의 본질 가운데서 반자연을 발견하고 있는 최초의 사람으로 확증된다. 니체는 『안티크리스트』의 결론에서 기독교가 흡혈귀처럼 삶에의 의지의 혈관으로부터 '모든 피, 모든 사랑, 모든 희망'을 빨아먹고 있다고 비난한다. 니체는 이 '영원한 탄핵'을 "벽이 있는 곳에서는 벽마다 적고자 한다". 왜냐하면 그는 장님조차도 볼 수 있는 글자를 가지고 있기 때문이다.

이러한 살인광란의 인상은 우리로 하여금 자칫 잘못하면

기독교에 대한 니체의 공격에서 자제력과 사려를 잃고 오직 비이성적으로 폭발된 증오와 격정만을 보게끔 할 수도 있다. 그러므로 이러한 판단을 전복할 만한 그 어떤 것도 있을 수 없다. 왜냐하면 니체는 증오로 가득 찬 그의 마음속 깊은 곳에 냉정하고 타산적인 전략가로 남아 있기 때문이다. 더욱이 니체는 기독교에 대한 자기의 투쟁을 문화 비판의 시종일관된 수행으로 이해한다. 그는 서양의 모든 교양과 문화가 기독교에 의하여 잉태되고 있고 또 그것이 기독교로 말미암아 데카당화되고 있다는 통찰을 통해서 이 문화 비판을 촉진해야 한다고 생각한다. 데카당화된 서양 문화에서는 그 모든 것이 현기증을 일으킬 뿐이다. 서양문화는, 니체가 이해하고 있는 바에 의하면, 자기지양의 상태에서 표류하고 있다. 왜냐하면 서양문화는 기독교적 데카당 운동에 헌신해 왔기 때문이다. 이 데카당 운동은 전 기독교문화의 핵심을 형성하고 있기 때문에 극복되어야만 한다. 니체가 다른 모든 것에 우선해서 이 서양문화권을 비판적으로 대처할 수밖에 없었다는 것은 명백하다. 그의 이러한 비판적 행동을 보다 정확하게 주시하는 것만으로도 그에 대한 이해를 위해서는 근본적으로 충분하다. 왜냐하면 니체는 또한 비판 자체를 새로운 양식으로 촉진했다는 의미에서 비판적 사유의 정점을 형성하고 있기 때문이다.

1. 소년 시절부터 드러난 비판의 재능

이와 같은 맥락에서 볼 때 니체가 경건한 분위기의 목사 가문에서 태어났음에도 불구하고 순수한 종교적 경험들을 결여하고 있었다는 확인은 중요하다. "예컨대 나는 본래의 종교적 곤란을 경험으로부터 알고 있는 것이 아니다"라고 니체는 자기 삶의 회고록인 『이 사람을 보라』에서 확인하고 있다. 실제로 퍽 두드러져 보이는 그의 소년 시절의 작시들은 현실적 체험의 인상이라기보다도 오히려 어떤 것을 모방한 듯한 인상을 일깨워 준다. 우리는 우리 자신도 모르는 사이에 젊은 니체가 휠덜린에 경탄하고 있음을 상기할 것이다. 니체가 일찍이 표현한, 아직도 논박의 여지가 없는 언설 가운데 침전되어 있는 것은 기독교에 대한 간접적인 도전이다. 이와 반대로 휠덜린이 노여운 비판자 및 투사의 역할에서 기독교에 반대했을 때 이미 니체는 그가 기독교를 직접적으로 공격하고 있었음을 발견하고 감지했다. 바로 여기서 그의 선명한 전략, 즉 기독교에 일대 강타를 가하고자 하는 전략이 밝혀진다. 그와 동시에 니체가 기독교를 알고자 하는 태도는 마치 기독교에 대해서 새로운 조망으로 바라보고 있는 것처럼, 즉 여러 면에서 기독교를 새로이 발견하고 있는 것처럼 드러나고 있다.

더욱이 다음과 같은 두 가지 사실은 확실히 긴장관계를 성립시키고 있다. 즉 니체는 기독교에 대한 공격을 자기 자신의 무기가 아닌 다른 사람의 무기로써 계속 가한다. 니체가 『도덕의 계보』와, 특히 『안티크리스트』에서 보여 주고 있는 것은 그의 절친한 동료교수이면서 신학적 조언자인 오버베크Overbeck의 광범위한 정도의 신학적 세계관이다. 오버베크는 기독교 비판의 문제에 있어 마치 불트만Bultmann이 현존재의 분석 문제에 있어 50년 후에 하이데거와 제휴한 것처럼 니체와의 밀접한 협력에 이르고 있다.

니체는 특히 하이네Heine가 시사하는 바에 따라서 항상 지엽적인 문헌만을 제시한다. 즉 니체는 결정적인 전쟁터에서 다른 사람들의 무기들을 사용하는 셈이다. 그러나 분명히 그는 자기만의 뒤바꿀 수 없는 방식으로 그 무기들을 사용한다. 거기에는 나름대로 이미 그 자신의 말소리가 담겨 있다. 더욱이 니체는 하이네로 전회했다가 곧바로 자기 자신에로 되돌아온다. 자기에로의 복귀 즉시 니체는 종교 비판의 정점에 서서 자기 자신의 어법, 음조, 언어로써 말한다. 그런데 하이네는 지나간 근대의 인도주의적 이상과 계획 가운데 이미 용해되어 버린 신에 관하여 다음과 같이 말한다.

우리는 신이 어떻게 조용히 신음하고 있는가를, 신이 어떻게 사랑이 깊은 아버지가 되고 있는가를, 즉 신이 어떻게 보통 인간의 친구, 세계의 은인, 박애주의자가 되고 있는가를 보았다. 그대들은 종소리를 듣고 있는가? 무릎을 꿇으려무나. 사람들은 죽은 신에게 성사聖事를 바치고 있다. _RPD

이와는 반대로 니체는 『안티크리스트』에서 비할 바 없는 (기독교에 대한) 공격자로서 나타난다.

신은 이제 비열하고 겁 많고 겸손하게 되어 '영혼의 평화'를, 더 이상 남을 증오하지 않고 용서하기를, 벗이든 적이든 사랑하기를 충고한다. 신은 끊임없이 도덕화되고, 모든 개인적인 덕의 동굴로 기어들어 가 모든 사람을 위한 신이 되고 사인私人이 되며 세계주의자가 된다. _A. 16

2. 전무후무한 비판

니체와 하이네 간의 이러한 대조에서 이미 본 바와 같이 지극히 동일한 경향을 나타내고 있는 공통성 가운데서도 두드러진 상이성이 지배하고 있다. 하이네가 풍자, 조롱, 비꼼을 즐기는 곳에서 니체는 공격적으로, 때로는 격앙된 상태에서 말한다. 경우에 따라서 니체는 다소 이해하기 어려울 만큼 '당혹감을 주는 성실성'에서 말하기도 한다. 그러나 우리는 니체가 기독교에서 엄청난 도발을 들여다보았다는 사실과 또 오버베크에게 썼던 편지에서 강조한 바와 같이, 기독교에 대항함에 있어 하이네와 공동적인 보조를 취하지 않았다는 주장을 그로부터 일소하지 않으면 안 된다. 말할 나위 없이 니체는 기독교와의 투쟁에 있어 하이네와 공동적인 보조를 취한다. 니체는 당시에 이미 주어진 상태와 관련된 바와 같이 자기 자신의 무기로써 기독교를 공격하고자 시도한다. 그것이 바로 칼 뢰비트Karl Löwith가 니체의 산상수훈山上垂訓이라고 적절히 일컬었던 '차라투스트라의 사건'이다. 산상수훈의 설교자로서 차라투스트라의 역할에서 니체는 예수의 구원론과 도덕설을 자기 자신에 대립시키고, 그와 동시에 언어와 해석자의 사육작용 가운데 단단히 가두어 놓음으로써 그것을 극복하고자 시도한다.

이러한 방법으로 니체가 기독교를 극복하고자 시도하는 가운데 결국 기독교적인 입장에 빠져드는 일이 일어나지 않을 수 없었다. 확실히 니체의 예수상은 그 모든 혐오에도 불구하고 자기 자신의 목적상目的像을 설정함에 있어 결정적인 모범으로 나타난다. 그는 이 세상에서 정신붕괴를 맛볼 며칠 동안, 파묻힌 광란의 복음에다 '디오니소스'니 '십자가에 못 박힌 자'니 하는 이름으로 바꾸어 가면서 서명한다. 그리고 바젤의 한 정신병원으로 가는 도중에 니체는 자기 자신을 죽은 신의 후계자로서 이해하는 끔찍한 일들을 소리쳐 알리고 있다. 그러므로 니체의 기독교 비판은 그가 일찍이 기독교에 접근하면서 곧바로 자기의 내면에서 가장 심각한 갈등을 겪었다는 인상을 제공하고 있다. 그것은 공격이면서 극복이다. 다시 말해서 니체의 기독교 비판은, 니체 자신이 피력하는 바에 의하면 효과적인 형식으로 촉진하는 파괴작업이다. 루 살로메Lou Andreas Salomé는 자신의 저작에서 기독교 비판에 관한 니체의 입장을 다음과 같이 밝혔다.

모든 결합의 가능성이 다 소진消盡되었다면 도대체 무슨 결과가 일어났을까? 무슨 일? 다시금 신앙을 가지지 않았을까? 아마도 가톨릭적 신앙을? 여하튼 전 영역에 있어 정체停滯, 그 이상의 일이 일어날 수 있었을 것이다. _FN. 49

니체는 일찍이 루 살로메에 관한 논평에서, 스스로 기독교 비판으로부터 후퇴하는 듯한 낌새를 보인다. 이를 짐작하는 것은 결코 놀라운 일이 아니다. 니체의 이러한 언설은 그의 비판에 비할 바 없는 의의를 부여한다. 더욱이 그의 비판은 적대자의 입장 가운데 가장 취약한 점을 찾아내어 파괴적 격렬성으로 그것을 쳐부수어 버리고자 시도한다. 그러나 니체의 비판은 통례적인 스타일의 논쟁과는 달리 비판적 사상事象으로의 '투쟁적인 감정이입'으로부터 나온다. 그것은 우선 그의 파괴적인 의도에 도움이 될 수 있다. 왜냐하면 니체는 기독교체계가 그 공격받기 쉬운 취약점을 어디에 제공하고 있는가를 전례 없는 명민성으로 인식하고 있기 때문이다. 그러나 그의 '투쟁적인 감정이입'은 결코 적대자의 입장의 취약점에만 한정되어 있지 않다. 그러므로 니체는 가끔 자기의 공격 도상에서 우리가 기독교의 공공연한 적대자로부터 기대하는 그런 통찰로써 불시에 나타나기도 한다. 그가 투쟁에 있어 쟁취하는 것은 적과 동지, 즉 기독교도든 비기독교도든 간에 누구나 다 관계할 수 있는, 말하자면 구체적인 의미에서 비상하는 그야말로 새로운 기독교상과 그리스도상이다.

니체는 우리가 자주 가정하고 있는 바와 같이 종교와 기독교에 대한 타고난 비판자는 결코 아니다. 더욱이 그는 일찍이 기독교로부터의 단절과 탈출을 시도했지만 번번이 실패한 경험을 이미 서술하고 있다. 그러나 그것은 언제나 동적인 발전의 테두리 가운데 유지되고 있다. 니체로 하여금 일찍이 저항을 불러일으킨 것은 자기를 둘러싸고 있고 또 그 모든 것과 일체감을 가지고자 노력하였음에도 불구하고 시간이 갈수록 더욱더 타협할 수 없었던 여러 형태의 문화에 있다. 니체는 문화적 포만과 정치적 다행증의 세계와 대결하고 있다고 생각한다. 그가 무엇인가를 이야기할 경우 그것은 언제나 뒤를 회상하는 가운데 장차 무엇이 도래할 것인가를 예언하는 '예언자 정신'으로서 나타난다. 이러한 사실로 말미암아 그는 이러한 세계로부터 소외되어 있다. 그가 보고 있는 것은 장차 해일처럼 오고야 말 허무주의이다. 이 허무주의는 제어하기 어려운 위력을 가지고 일체를 파멸로 끌어넣고야 만다는 것이다. 그와 동시에 허무주의가 도래하리라는 그의 추측은 기독교뿐만 아니라 그가 옹호한 도덕과 하물며 서양의 전 문화와 교양에까지도 미치고 있다. 이처럼 그가 비판하는 우선적인 대상 영역들에는 바로 기독교와 서양의 전 문화가 포함된다. 하물며 교양조차도 역사적으로 보일 만큼 그의 공격이 감행된다.

이러한 공격은 맨 먼저 『반시대적 고찰』에서 행해지고 있다. 그러나 그 공격은 무엇보다도 먼저 '우리의 교육기관의 장래에 관하여'라는 미완성된 강연 프로그램과 「도덕 외적 의미에 있어서 진리와 거짓에 관하여」(1873)라는 논문에서 감행되고 있다. 이러한 논문에서 니체는 또한 이미 자기의 문화 비판과 교양 비판이 결국 진리에 대한 긴장관계로부터 나오고 있는 것이 아님을 암시한다. 왜냐하면 인간은 —자연이 인간에 대해서 대부분을 숨기고 있으므로— 오직 인식하는 존재로서만이 살아남을 수 있는 이 세계 내에 숙명적으로 내던져져 있기 때문이다.

자연은 열쇠를 내던져 버렸다. 자연은 인간에게 새로운 것으로의 열망을 휘몰아 주었다. 인간은 이러한 새로운 것으로의 열망으로 말미암아 의식의 방의 갈라진 틈을 통해서 바깥을 내다볼 수 있었다. 그리고 지금은 인간을 마치 자기의 무지에 상관없이, 말하자면 꿈속에서 호랑이 등에 매달려 있는 것과도 같이 냉혹, 탐욕, 욕심, 잔인에 근거하고 있음을 예감하고 있다. 진리에의 충동은 어디로부터 오는 것일까!

니체는 훗날 이 물음에 대한 해답을 발견하지 않으면 안 된다고 생각한다. 진리는 그에게 있어서는 단지 상호 대립된 다양한 오류의 입장에 불과하다.

인간은 이 오류의 상태 없이는 삶을 꾸려 나갈 수 없는 특이한 존재이다. 인간은 엄청난 오류로서는 견디어 낼 수 없는 현실을 그 오류의 도움으로 기만한다. 특히 인간 존재의 기초가 되어 있는 자연 그대로의 끔찍한 본능은 인간으로서는 견디어 내기 어려운 것이다. 인간은 인간 자신의 이러한 심층을 극복하기 위하여 교양체계의 형태를 수정하여 창출한다. 교양은 니체에 있어서는 그것이 자기목적으로 고양될 경우 도피, 즉 자기기만의 수단이 된다. 그렇게 되면 교양은 전복되는 조상調像처럼 그 숙련자를 쓰러뜨리고자 위협한다. 차라투스트라는 그의 제자와 자기를 공경하는 숭배자에게 공연히 경고하고 있는 것이 아니다.

나는 그대들이 하나의 조상을 때려 부수지 말 것을 경고한다. _ZA §3

니체는 문화를 '명멸하는 환영'으로 생각함으로써 그것을 한층 더 가열하게 비판한다. 이러한 문화 비판은 많은 이유에서 감행되고 있다. 그것이 유독 훗날 당대 고급문화의 천재로 구현되고 있었던 리하르트 바그너Richard Wagner에 대해 인간적·예술가적 측면에서 실망을 느꼈던 이유 때문에만 행해진 것은 아니다. 바그너에 대한 실망은 니체의 문화 비판의 많은 이유들 가운데 하나의 이유일 따름이다. 하여간 이러한 문화 비판은 대대적인 반격을 일으켰다. 문화는 마치 그리스인들이 현존재의 놀람과 두려움을 기만하기 위해서 올림퍼스의 현란한 신들을 창조한 것처럼 항상 현존재의 부정적인 측면들을 기만하고자 한다. 더욱이 지배계층의 창조물로서의 문화는 피라미드처럼 인간적인 평범의 지층으로부터 장중하게 올라간다. 그러나 그것은 오래전부터 벌써 허무주의의 조류에 의하여 그 밑바닥에서부터 파헤쳐지며, 따라서 조만간 그 자체에 있어 붕괴되지 않으면 안 된다. 문화는 무엇보다도 먼저 그 초석인 철학과 도덕이 약화됨으로써 몰락의 선고를 받게 된다. 철학과 도덕에 의해 삶에 대한 적의가 원리로 고양되었다. 철학은 플라톤 이

래로 관념적인 '배후세계'에 헌신해 왔다. 그리고 철학에 의해 사실적·구체적인 현상세계가, 특히 현세적인 현상세계가 가상으로 설명되었다. 따라서 플라톤 이후 철학은 플라톤의 감각에의 경멸과 현세성에 대한 부정에 근거하여 은밀히 기독교적인 금욕주의의 기초를 닦고 있다. 간결한 잠언을 즐겨 사용하는 니체가 이러한 이유에서 기독교를 역으로 '민중을 위한 플라톤주의'라고 일컫는 것은 충분히 이해됨 직하다.

니체는 플라톤 이래의 철학뿐만 아니라 도덕에 대해서도 비판적이다. 니체는 도덕에서 삶에 대한 혐오와 무에의 의지를 읽고 있다. 니체에 의하면 도덕은 인간을 존재 가능의 정점으로 이끌어 가는 것으로부터 멀리 떨어져 있기 때문에 인간의 가장 강력하고 탁월한 전형을 획득하지 못하고 그 대신 이 세계가 '미성숙한 인간들'만으로 충만한 데 대해 전적인 책임을 지고 있다. 그와 동시에 니체는 이미 청년 시절에 경탄한 바 있는 횔덜린의 사상을 자기화하고 있다. 횔덜린은 『히페리온*Hyperion*』에서 자기의 입장을 참담하게 묘사하고 있다.

진리가 존재하기 때문에 확고한 말이 있다. 따라서 나는 단호하게 말한다. 나는 독일민족만큼 갈기갈기 찢긴 민족은 없다고 생각한다. 그대는 장인匠人을 보고 있지만 인간을 보고 있는 것이 아니며, 성직자를 보고 있지만 인간을 보고 있는 것이 아니며, 주인과 종을 보고 있지만 인간을 보고 있는 것이 아니다. 이러한 장면은 마치 생명의 피는 모래 속으로 흘러 용해되어 버린 데 반해서 손과 발, 그리고 사지는 갈기갈기 찢기어 뒤엉켜 있는 전장을 방불케 하고 있다. _Hyperion II, 7

그러므로 도덕은 니체가 자기의 반려를 돼지로 바꾸어 버린 「오디세이Odyssey」의 유혹여인을 가리켜서 말하고 있는 바와 같이 삶의 감정의 하락과 억제로 오도하는 '인류의 마녀'이다. 더욱이 도덕은 니체에게 있어서는 바로 삶에의 의지에 예속된 질병이다(EH, §5). 그러므로 니체는 "삶을 해방하기 위해서 도덕을 절멸하지 않으면 안 된다"라고 말한다.

만일 우리가 니체의 격렬한 도덕 비판을 생각해 보면 그가 뜻밖에도 그것에 비해서 종교 비판에 있어 훨씬 부드러운 어조로 말하고 있음을 확인할 수 있다. 그렇게 확인할 수 있는 데는 세 가지의 근거가 있다. 이 세 가지의 근거는 종교의 근원과 종말에 관한 니체의 관념으로부터 밝혀지기도 하고 또 도덕과 종교의 관계에 대한 그의 이해로부터 밝혀지기도 한다. 종교는 그 근원을 인간의 근절할 수 없는 자기낭비의 성향에서 가진다. 왜냐하면 인간은 권력, 희망, 행복을 자기 자신의 위대성으로 감지하면서 그 위대성에 의해 놀라움을 가질 때 언제나 자기 내면에서 갈등을 겪는 존재이기 때문이다. 인간은 이러한 성향을 감당할 능력이 없기 때문에 이러한 위대성을 자기를 능가하고 초월하는 최고 존재가 포괄하는 개념으로 해석한다. 인간은 자기 자신을 가난하게 만들고, 근본에 있어 자기 자신인 것을 숭배하기 위해 '당당한 관대'로 자기의 최고 특권을 신에게 양도한다. 그러므로 종교는 '인격의 통일에 대한 회의의 소산', 즉 인격의 변경이다. 니체는 위버멘쉬를 공포함으로써 인간의 내면에서의 이러한 생기生起에 최종적인 저지를 명한다. 1870년에서 1871년 사이의 겨울에 이미 그는 "종교의 종말이 왔다"고 쓰고 있다. 『반시대적 고찰』 가운데 한 경구Epigram인 '우리들 문헌학자들'에서 니체는 다음과 같이 확인한다.

신, 신의 섭리, 이성적인 세계질서, 기적과 성사를 신앙하는 종교는 이미 지나갔다 … 그것은 의심의 여지가 없다. 형체 없는 영혼과 육체의 대립은 거의 제거되었다. 누가 아직도 영혼의 불멸을 믿으리! _UB. 168

그러므로 무엇보다도 먼저 종교는 이제 몰락에 가까워지고 있다. 왜냐하면 니체가 진행한 사상운동이 초월적 신에게 양도한 성질을 인간에게 되돌려 주는 것을 목표로 삼고 있기 때문이다. 그는 이러한 입장을 궁극적으로 호수에 관하여 이야기하고 있는 "점점 더 높게!"라는 잠언에서 비유적인 해석으로 나타낸다.

어느날 한 호수가 흘러나갈 것을 거부하고 지금까지 흘러나가던 곳에 하나의 둑을 쌓았다. _FW. 285

특히 「종교 비판」이라고 쓴 한 유고는 지극히 확고부동한 계획에 따라서 그것을 다음과 같이 언표하고 있다.

> 우리가 현실적인 사물들과 비실재적인 사물들에 부여한 아름다움과 고상함을 나는 인간의 자산과 창작물로서, 즉 인간의 가장 아름다운 변명으로서 반환을 청구하고자 한다. _KSA XII, 376

결국 종교와 도덕의 관계에 관해서 말하자면 종교는 니체의 관점에 의하면 도덕이 종교심과 관계를 가지는 것처럼 도덕과는 아무런 관계를 가질 수 없다.

서양의 역사상 유대교, 기독교, 이슬람교와 더불어 본질적으로 도덕적인 종교들이 지배권을 획득했던 것은 서양의 운명에 속한다. 그와 동시에 삶에 대한 적대적인 경향들이 그 정점에 이르렀다. 왜냐하면 이러한 경향들과 더불어 신에 대한 현존재의 혐오가 일어났기 때문이다. 이러한 경향들은 그 선두에서 기독교에 대항하여 투쟁할 수밖에 없다. 이 경향들에 있어 부정되고 있는 것은 단지 도덕적인 신에 불과하다. 이 경향들에서는 도덕적 신을 통해서 그 도덕적 신에 기초한 종교들을 부정하는 것이지 종교와 종교성 자체를 부정하는 것은 아니라는 것이다. 니체가 대화체로 신중하게 쓴 유고는 아연할 정도의 솔직성을 가지고 도덕적 신의 청산에 대하여 다음과 같이 공언하고 있다.

> 그대들은 도덕적 신의 청산을 신의 자기붕괴라고 일컫는다. 그러나 그것은 단지 도덕의 탈각에 불과하다. 신은 피부를 벗는다. 그대들은 곧 신을, 선악의 피안을 재회해야 한다. _Nachlass, 49

이 놀라운 예측은 사유의 단계를 니체의 비판의 윤곽과 스타일에 대하여 서두에서 제기한 물음으로 되던진다. 니체는 이 예측이 의도와 방법에 있어 기존의 형식들과는 다르다는 것을 『이 사람을 보라』에서 아주 명백하게 말하고 있다.

> 나는 일찍이 아무도 하지 못했던 반항으로써 반항한다. 그럼에도 나는 부정정신의 반대자이다. _EH, §1

니체의 비판이 완강한 부정에 탐닉하고 있다고 하더라도 우리로 하여금 은밀한 긍정을 들을 수 있는 지점에까지 소급해 갈 수 있게 해 준다. 따라서 우리는 니체의 과격한 비판에 직면할 때 그 비판의 반대의미를 고려하지 않으면 안 된다. 왜냐하면 니체의 과격한 비판은 가장 효과적으로 공격할 수 있는 취약점을 발견하여 그때마다 외부로부터 투쟁을 감행하는 것만으로는 만족하지 않기 때문이다. 오히려 니체의 과격한 비판은 투쟁의 격렬성에 사로잡혀 있으면서 적을 자기와 동일화하는 행위 가운데 포섭한다. 적어도 적의 입장을 격렬하게 휘어잡으면서도 그 비판적 장악 자체가 공동화된다. 따라서 이러한 공동화에서는 투쟁 자체가 일소된다. 즉 야스퍼스는 다음과 같이 진술하고 있는 것으로 보아서 이러한 비판의 양식을 이미 완전히 이해하고 있는 것 같다.

　니체에 있어서는 항상 투쟁 후에, 아니 투쟁 중에 투쟁의 중지가 있다. 이러한 경우 니체는 적을 포섭하고, 말하자면 자기 자신이 적으로 돌변함으로써 적을 절멸하려고 하지 않고 오히려 적의 존속을 바라고 있다. 하물며 '파렴치한 자를 분쇄하라'라고 공격을 가한 기독교에 대해서까지도 그 존속을 바라고 있다.

야스퍼스의 이러한 진술은 니체의 비판이 종교와 기독교에 대한 전통적인 공격을 극복한 것으로 간주한다. 포이어바흐Feuerbach로부터 프로이트와 러셀에 이르기까지 기독교에 대항하여 일어난 비난들과는 달리 니체의 비판은 신앙개조信仰箇條에 대하여 물음을 제기하거나 또는 기독교 역사에 있어 실패, 오류, 과오, 비인간적 행위를 지적하는 데만 국한하고 있는 것이 아니다. 오히려 니체의 비판은 기독교적 상황의 중심부를 향해서 정면으로 돌진한다. 그렇게 함으로써 니체는 기독교적 상황 가운데서 아주 비상한 통찰을 자기와의 동일화 행위로부터 도출하면서도 역사와 신학을 매개해서는 결코 바꾸어 놓을 수 없는 그리스도상과 기독교상을 획득한다. 그것은 두 적대자가 얽히고설킨 투쟁속에서 갑자기 그들의 공통성을 발견할 경우에 항상 생기는 것과 같은 그러한 상이다. 이러한 상은 탐구되지 않으면 안 된다. 왜냐하면 이러한 상에는 모든 형식적인 언명 이상으로 기독교와 신학을 위한 그의 복음이 내재하고 있기 때문이다. 그러나 우선 니체의 기독교 비판 자체가 토구되어야 한다. 그런데 그의 공격은 어떻게 하나하나 묘사될 수 있을까?

3. 허구의 체계

이러한 물음에 대해서 우리는 이중적인 방법으로 해답해야 한다. 왜냐하면 니체는 일체를 복선적으로, 즉 체계 비판적이면서 동시에 계보학적으로 다루어 나가기 때문이다. 니체는 『우상의 황혼』에서 최초의 공격 계획을 피력하고 있다.

기독교는 하나의 체계, 총괄적으로 사유한 총체적 사물관이다. 이러한 체계로부터 근본 개념, 신에의 신앙을 빼내 버릴 경우 역시 그 전체가 부서져 버린다. 즉 그 경우 수중에는 필연적인 것이라고는 아무것도 남지 않는다. _GD. 5

이 말은 키르케고르가 헤겔의 사변적인 체계의 철학을 비꼬아서 한 말이다. 헤겔의 철학은 논리적으로 관념적·사변적 체계를 정교하게 세워 놓은 철학이지만 정작 인간 자신, 즉 그 관념의 체계를 세운 철학자 자신은 그 체계 속에서 자기 존재, 즉 실존을 중심에 두지 못한 추상적·관념적인 철학으로 끝나고 있다. 마치 건축가가 개집(인간 현존재의 일상적·세속적 삶, 즉 비본래적 삶을 상징)을 지어 살면서 그 개집 옆에는 화려한 궁전(사변적 관념의 체계)을 건립하고는 —그 궁전 안에는 건축가 자신은 물론 인간이라곤 살지 않는다— 매일 그 궁전을 쳐다보고 스스로 감탄하고 즐거워하듯이, 관념적·사변적 체계를 수립하여 추상적으로 전개해 나가는 사변적인 철학자는 자기의 실존, 즉 본래적 존재에의 복귀에는 전혀 관심을 두지 않는다. 이러한 체계의 철학에 인간의 자기실존은 없다. 헤겔의 사변적 관념론은 이처럼 인간의 본래적 자기인 실존에의 비약과는 무관한 사변적 사유의 전개만을 시도한다. 키르케고르는 헤겔의 이러한 사변적 관념론을 비꼰 것이다.

니체는 이 근본적인 비난을 기독교에 전용轉用한다. 그에게 기독교는 교의教義로서 교회정치의 구조와 같이 하나의 체계이다. 기독교는 그 광채와 위대함을 야기하기도 하지만, 또한 삶으로부터 동떨어진 비현실성과 삶의 취약성을 야기하기도 한다. 왜냐하면 기독교의 체계가 견고한 버팀줄에 기초한 확고부동한 구조이기 때문이다. 그러므로 니체의 공격 계획은 결국 『안티크리스트』에서 공식화하고 있는 바와 같은 내용으로 되어 있다.

하나의 개념을 제거하고 그 자리에 단 하나의 현실을 설정해 보려무나. 그러면 기독교 전체는 무 속으로 떨어지고 말 것이다.

공격 계획은 아주 명백하게 입안되고 있는 것도 아니고, 그렇다고 해서 모순된 상태로 수행되고 있는 것도 아니다. 우선 니체가 계획한 전략은 말할 것도 없이 분명히 작용하고는 있다. 기독교가 하나의 체계라고 한다면 —물론 하나의 체계에 불과하지만— 전체를 함몰하기 위해서 일체를 내포하고 있는 중심 개념만은 제거될 필요가 있다. 이 점에 관한 한 기독교 비판은 시종일관 그 신의 개념을 겨냥해서 계속 나아가고 있다. 그리고 그것은 역으로 말해서, 목적 자체로서 수행되고 있는 것이 아니고 항상 기능상의 맥락에 입각해 있다는 사실로 말미암아 일반적인 형식의 무신론 및 신의 부정론과는 구별된다. 니체 자신의 무신론에 있어 신은 앞에서 진술한 바와 같이 신에게 양도한 속성들을 인간에게 되돌려 주기 위한 목적에서 부정되고 있다. 다시 말해서 그에게 있어 신에 대한 부정은 기독교에 치명적인 일격을 가하고자 하는 목적에서 수행되고 있다. 니체가 1883년에 쓴 한 유고는 비로소 기독교를 이렇게 취급하고 있는 가장 심각한 이유를 언급하고 있다. 이 유고는 기독교의 허무주의적 근본 성격에 대하여 신에게 그 책임을 지우고 있다.

> 사람들은 아직도 모르는가. 기독교가 그 신을 위한 허무주의적인 종교라는 것을 말이다 …. _KSA XIII, 525

니체는 신의 죽음이라는 복음을 가지고 원대한 목적을

추구하고 있다. 그는 기독교와 함께 종교 자체를 공격하고 절멸하기 위해 신의 죽음이라는 복음을 천명한다. 이러한 사실은 우리가 신에 대한 그의 비판의 관건이 되는 원문, 즉 '미친 인간'의 우화를 명료화해 볼 경우 분명히 드러난다. 미친 인간의 우화는 기독교에 의해 억압받는 삶에 다시금 그의 권리를 찾아 주기 위해 신의 죽음에 관하여 말한다. 그러므로 기독교는 신의 죽음으로 말미암아 유일한 왕후의 영묘, 그것도 아무도 묻혀 있지 않은 영묘로 변했다. 미친 인간은 공연히 기독교 역사의 종말에 대하여 묻고 있는 것이 아니다.

교회가 신의 무덤과 묘비가 아니라면 이 교회는 도대체 무엇이란 말인가?

그러나 니체는 때때로 그의 이러한 행위의 효과에 대한 회의, 특히 그의 전략의 전제에 대한 회의, 아니 그뿐이랴. 그 행위와 전략의 필연성에 대한 회의마저 가지기도 한다. 왜냐하면 근본에 있어 니체가 단호하게 설명하고 있는 기독교에 대한 '죽음의 전쟁'이란 그에게는 필요하지 않았기 때문이다. '죽음의 전쟁'은 자기 자신의 자기분석 상태로부터 파악되고 있다. 근본적으로 필요한 것은 오직 진단이며 더욱이 그 진단은 투쟁을 제약하고 있다. 그것은 분명히 자기고뇌 속에 나타난 기독교가 단순한 체계에 대해서보다도 유기체에 더 상응하고 있음을 전제로 한다. 유기체만이 죽을 수 있고 그렇게 함으로써 그 구성요소들로 분해될 수 있다. 그러나 유기체로서 기독교는 니체에게 있어서는 머리와 사지뿐만 아니라 또한 그의 심장 가운데 신에의 신앙으로 병을 앓고 있는 것으로 생각되고 있다. 왜냐하면 근대적 삶의 세계의 제약하에서 이 신앙은 벌써 믿기지 않고 있으며 또 '우리의 가장 오랜 거짓말'로서 폭로되고 있기 때문이다. 그러므로 기독교는 도리 없이 끝난다. 니체의 견해에 의하면 그것은 분명히 모든 위대한 문화형상에 관여하는 하나의 운명이다. 모든 위대라는 것, 인간의 정신사가 창조한 것은 그 내부로부터 자기 자신과 자기의 창조물을 몰락시켰다는 유죄판결을 선고받고 있다. 그것이 오래전에 벌써 도그마로서 몰락한 이후 이제 자기 자신을 도덕으로써 해결하려 하고 있는가 하면, 더 나아가서는 자기의 극단적인 '진리에의 도야'를 근거로 삼고 있다. 왜냐하면 인간의 정신사는 역사적 비판에 있어 자기의 발 아래 지반을 글자 그대로 떼어 놓는 방법의 발전을 필요로 했기 때문이다.

> 그리스도적 성실성은 결론을 낱낱이 이끌어 낸 후 마지막에는 가장 확고한 결론, 즉 자기 자신에 반대되는 결론을 이끌어 낸다. 이것은 그리스도적 성실성이 '모든 진리에의 의지는 무엇을 의미하는가?'라는 물음을 제기할 경우에 일어난다. _GM III, 27

그러므로 이러한 장면에 대한 활동적인 관찰자로서 니체는 기독교의 임종 자리에서 '장차 도래할 200년간의 유럽을 위해서 남아 있을 수백 가지의 행위'의 이 웅대한 연극을, 즉 '모든 연극 가운데 가장 무섭고 가장 질문할 만한 가치가 있고 아마도 가장 희망에 찬 이 연극'을 보면서 당황하고 황홀해한다.

이러한 마지막 고뇌에서조차 지속하고 있는 것은 니체가 특별히 정통하게 알고 있는 죽은 신의 그림자이다. 왜냐하면 그가 마치 오디세우스가 저승으로 가서 그곳에서 대화를 한 것과도 같은 감정을 가졌기 때문이다. 그러나 죽은 신의 그림자는 일찍이 가장 숭배할 만한 가치가 있는 존재로부터 벗어나서 가장 위협적인 그림자로 살아 있다. 우선 —죽은 붓다에 의하여 살아남은— '섬뜩한 그림자'에 관하여 이야기하고 있는 것으로 인식되는 우화의 어조로 『즐거운 지식』 제3권의 머리글 잠언에서 니체는 다음과 같이 말한다.

신은 죽었다. 그러나 인간들이 존재함으로써 아마도 신의 그림자가 나타나는 동굴이 수천 년간 존재할 것이리라. 우리는 계속 신의 그림자를 정복하지 않으면 안 된다. _FW III, 108

그림자에 대한 예비연구에서 니체는 역시 이 그림자가 무엇인지를 사람들로 하여금 이미 인식하게 하고 있다.

사람들은 이 그림자를 역시 형이상학이라고 일컫고 있다.

_KSA XV, 253

『우상의 황혼』에서 진술하고 있는 공포도 역시 바로 그림자와 동일한 선상에 있다. "우리는 아직도 문법을 믿고" 있기 때문에 신으로부터 벗어나지 못했다. 가령 존재의 의미에 대한 형이상학의 근원적인 물음을 포기하고 또 문법에 맞는 질서구조의 형태로 신에 결부된 말들을 제거하는 데 성공했을 경우, 궁극적으로 기독교와 더불어 신의 존재가 부정되었을 것이다. 그 경우에 기독교는 니체 자신의 고뇌를 통해서 나타났건 또는 기독교에 대항하여 치른 '죽음의 전쟁'을 통해서 나타났건 간에 어느 쪽이든 상관없이 끝장나 버릴 것이다.

4. 해석의 역사

니체는 『도덕의 계보』에서 기독교의 심리학을 전개했음을 『이 사람을 보라』에서 확언하고 있다. 왜냐하면 기독교의 심리학이 자기의 유명한 처녀작의 제목을 따서 말하고 있는 바와 같이 '원한정신으로부터 기독교의 탄생'을 기술하고 있기 때문이다. 기독교가 이처럼 '원한정신으로부터 탄생되었다'는 것을 니체는 기독교가 하나의 해석행위로부터 나왔고 따라서 유일한 해석의 역사로서 관찰되지 않으면 안 된다는 사상으로 이해했다. 기독교는 니체가 표현한 바와 같이 근원적인 상징주의 체제를 점차 조야하게 오해해 온 역사이다. 청년들이 섬뜩한 역설로서 감지한 예수의 강제적인 죽음의 사실은 처음부터 성립하고 있다. 예수의 기적을 철저하게 부정한 듯한 이 예기치 못한 굴욕적 죽음은 청년들의 감정을 가장 심각하게 상하게 했다. 그뿐만 아니라 청년들은 이 본래적인 불가사의 앞에서 "그는 누구인가? 그는 무엇을 한 사람인가?"라는 물음을 제기한바 그 구세주의 죽음을 용서하는 것까지도 생각했다. 따라서 이 죽음은 하나의 사실, 아니 '십자가에 못 박혔다'라는 사실로서 성립되었다.

이 죽음이 청년들에 의해 '섬뜩한 의문부호'로서 감지되었기 때문에 경악, 격분, 원한, 복수 등의 감정에 의하여 충동된 기독교적 해석의 역사가 시작된 것이다. 이 해석의 역사에는 나중에 기독교를 지배한 네 가지의 관념군觀念群, 즉 바울의 유대주의, 아우구스티누스의 플라톤주의, 속죄신앙을 에워싼 신비에의 숭상, 자연과 감성을 증오하는 금욕주의가 주로 작용하고 있다. 이러한 관념군을 작용 가능하게 만든 개척자는 진정한 논리학자의 냉소주의를 가지고 착수하여 예수의 복음 다음에 화음(나쁜 소식)을 가져온 바울이었다.

바울은 예수의 부활을 날조하고 그와 동시에 현존재의 배후에 존재의 근원을 설정함으로써 구세주를 비로소 사실상 십자가, '그의 십자가'에 못 박아 매달았다. 왜냐하면 복음의 사자로서 예수는 그가 살면서 가르친 바대로 죽었기 때문이다. 그의 죽음은 실패한 것도 아니고 인간적인 의도를 따른 것도 아니고 신의 의도를 따른 것도 아니다. 그의 죽음은 결국 그가 가르친 바대로 행한 강력한 실천이었다. 바울은 복수의 본능에 따라서 예수의 십자가 죽음을 속죄의 행위, 제물에 알맞은 양식으로 표현했다. 더욱이 바울은 죽음 이후의 영생 문제를 "저 제물과의 인과관계"에서 제시했다. 따라서 바울은 책임과 죄의 개념을 전면에 내세웠다. 바울은 '새로운 성직과 신학'을 촉진했고, '그리스도가 일생 동안 파기하고자 했던 것'을 다시금 대규모로 일으켜 세웠으며 그와 적대관계에 있었던 성직자와 신학자들이 예수를 암살하고자 기도했다고 날조했다. 특히 "교회 개념에서는 복음의 사자가 자기 아래에, 자기의 배후에 있다고 느꼈던 것이 … 신성시되어 왔다".

그러므로 인류가 복음서의 근원, 의미, 권리였던 것과는 정반대의 것 앞에 무릎을 꿇고 있다는 것은 거대한 세계사적 유희에 있어서 아이러니를 수반한다.

결론적으로 말해서 "기독교는 그 교조敎祖가 행했고 또 하고자 하였던 것과는 근본적으로 다른 것이 되고 말았다"(KSA XIII, 114).

그러니까 무엇보다도 "교회는 예수가 설교했던 것과는 정반대의 것, 그리고 예수가 젊은이들에게 투쟁할 것을 가르쳤던 것, 바로 그것이다"(KSA XIII, 98).

이러한 점을 미루어 보아 니체의 기독교 비판은 이미 놀라운 특징을 가지고 있는 것으로 인식된다. 니체의 기독교 비판은 우리가 이러한 놀라운 특징으로부터 예기하는 것에 대해서 지극히 조건부로 상응한다. 더욱이 니체의 기독교 비판은 교회에 대항하여, 특히 기독교가 가지고 있는 교회로서의 제도적인 형상에 대항하여 온 정력을 기울여 겨냥한다. 그러나 그의 기독교 비판은 기독교의 교조에 대한 그 공격 조준을 의식적으로 간과하고 있다. 왜냐하면 엄밀히 말해서 이러한 맥락에서 조망할 때 예수에게는 어떤 비판의 여지도 없기 때문이다.

　야스퍼스가 확증하고 있는 바와 같이 예수는 실제로 기독교 역사와 관련되는 일도 행하지 않았다. 근본에 있어 "단지 한 사람의 그리스도만이 있었고 그는 십자가에 못 박혀 죽었다"라고 『안티크리스트』에서 결론을 내리고 있다. 그러므로 '바둑판의 가느다란 눈금으로 짜인 작은 정방형'처럼 이어진 공격 목표들은 문화를 비롯한 교양으로부터 도덕에로, 도덕으로부터 종교와 기독교에로 부단히 상승적으로 겨냥해 나가는 명백한 단계적 확대에 놓여 있다. 그러나 이러한 급격한 공격권 가운데서도 기독교의 중심 형상인 예수는 한쪽으로 비켜나 있다.

5. 측면 공격의 방책

니체는 자기가 표현하고 있는 '해석의 역사'를 고려하고 "단지 우리들만이, 우리들 자유로 된 정신만이 비로소 1900년 동안 오해되어 온 그 무엇을 이해할 수 있는 여건을 지니고 있다"라고 단언한다. 그럼에도 이 전략의 목적상 그는 결코 절대적인 승자의 인상을 일깨우려고는 하지 않는다. 오히려 여기서는 이미 기독교의 체계에 대한 비판에서 관찰된 것과 동일한 모순이 다시 한 번 나타나고 있다. 니체가 이 모순을 자기분석의 이념을 통해서 보강하고 있는 바와 같이 기독교의 역사를 영속성과 동일성을 상실한 역사로서 증명하는 것만으로는 그 모순을 보강하기에 충분하지 않다. 전도되는 것은 역시 파기되지 않으면 안된다는 차라투스트라의 격률에 충실한 니체는 오히려 그가 표현하고 있는 바와 같이 기독교의 퇴폐적 형상에 대해서 전례 없는 언어논쟁을 야기함으로써 그의 '분석'의 영향을 강화하고자 시도한다.

우선 니체는 기독교가 모든 생적生的인 것과 현실적인 것에 대한 적의를 가지고 삶에의 의지 자체를 파괴하고 '노예도덕'을 통해서 삶을 고양하는 가치들을 무가치화했다고 비난한다. 이 근본적인 비판으로부터 많은 구체적인 공격들이 추론된다. 기독교는 세계를 추한 것으로 발견하려는 결의를 하고서 세계를 비로소 현실적으로 추한 것으로 만들었고 또 처음부터 불길한 생각을 했다. 그러므로 기독교는 무지를 미덕으로 고양했고, 회의를 죄악으로 설명했으며, 에로스에게 독을 먹였다. 그 때문에 기독교는 타락하고 음란해졌다.

니체가 기독교는 '긴 밤에 내리는 찬 서리'처럼 기독교에 의해 부정된 세계와 세계의 생기발랄한 삶에 내려앉는다고 부언하고 있다면 그것은 그가 실러Schiller의 「그리스의 신들Die Götter Griechenlandes」이라는 시를 들었음을 상기시킨다. 이 공격의 마지막 상승은 『안티크리스트』에서 총결산된다. 『안티크리스트』는 집필의 마지막 순간에 바꾸어 버린 부제가 가리키는 바와 같이 「모든 가치의 가치전환」의 제1권으로서 기독교에 대한 니체의 최종적인 판결이 되었다. 니체는 '저주'라는 표현에서 예상되는 것처럼 기독교를 형식적으로 저주하지 않고 이 책에서 "최대의 불행, 하나의 커다란 저주, 인간들이 범한 불멸의 오점"이라고 일컫는다. 그는 이러한 맥락에서 자기가 "장님마저 볼 수 있는 글자를 가지고 있다"고 단언한다.

이러한 언어논쟁은 세차게 들린다. 왜냐하면 이 언어논쟁은 그 완전한 관통력으로 예수상을 의식적으로 관통하는 것을 목표로 삼고 진행되기 때문이다. 그것은 니체가 두 가지의 상반된 전략을 전개하고 있을 뿐만 아니라 또한 이 전략을 '측면 공격의 방책'을 통해서 보완했다는 놀라운 사실을 다시 한 번 고려하는 방향으로 이끌어 가고 있다.

첫째로 그것은 기독교의 체계 비판에 기초하여 증축된 '자기분석'의 관념이었고 둘째로 그것은 계보학적 비판의 강화를 자극한 언어논쟁이었다. 그러나 그것은 니체의 비판적 재능에 의해 놀라울 만큼 풍요한 착상을 대변해 줄 뿐만 아니라 그가 일생 동안 투쟁했던 기독교에 어떻게 가장 효과적으로 접근할 것인가 하는 문제에 있어 최종적으로 우유부단했다는 사실도 대변해 주고 있다. 이러한 우유부단에 직면하여 우리는 이 많은 기독교 비판의 중심이 어디에 있으며, 따라서 어디에서 이 기독교 비판을 뒤쫓아 가야만 하는가를 묻지 않으면 안 된다. 이러한 물음에 대한 해답은 명백하다.

이러한 언어논쟁이 크게 울려 퍼지고 해석의 역사의 생경한 재현이 선명하게 착수되고 있기 때문에 기독교의 사상事象은 의심할 여지없이 직접 니체의 체계 비판에 의하여 적나라하게 노출되고 있다. 니체는 기독교의 사상을 『안티 크리스트』에서 간결하게 형식화했다.

이때 하나의 개념을 제거하고 그 자리에 유일한 현실을 설정해 보라. 그러면 기독교 전체는 무 속으로 굴러 떨어지리라!

관건의 개념을 제거하고 그 자리를 '현실'로 대체하기로 결정한다는 것은 기독교로서는 불가능하기 때문에 이러한 관건의 개념 자체에 대한 회의란 결코 있을 수 없다. 니체가 분명히 말하고 있는 바와 같이 기독교의 체계가 정박하고 있는 것은 신의 개념이다. 그러므로 기독교의 체계는 우선 그 이념적·사회적으로 확고한 지반을 신의 개념에 두고 있다.

이와 같이 미리 파악한 인식을 통해서 확증한 바에 의하면 신의 개념에 대한 니체의 비판은 비판 그대로 수용되어서는 안 되고 오히려 체계 비판을 글자 그대로 극단에까지 추진하고자 하는 시도로서 간주되어야 할 것이다. 이와 마찬가지로 니체의 무신론이 『아침놀』에서 니체 자신과 그의 동지들이 요구한 바와 같이 "유럽의 여러 민족들 가운데는 아마 일천만 명에서 이천만 명에 달하는, 더 이상 신을 믿지 않는 인간들"이 서로 화합하는 '신호'로서만 이해될 경우, 니체의 무신론은 오히려 단순한 돌진에, 여하튼 전초전에 머물고 있는 기독교 비판의 주요한 맥락을 이루게 된다. 니체의 무신론은 기독교 비판의 창끝, 즉 니체가 혐오하고 있었던 '로마 건축물'에 대해서 기도하고 있는 결정적인 타격이다. 그러므로 그의 무신론은 두드러져 보일 수밖에 없다.

그러나 신의 개념을 제거한 자리가 '현실'로서 대체된다면 어떻게 될까? 이러한 제의를 전개하고 있는 문장의 앞뒤 맥락에 이것을 상세히 설명하고 있는 진술은 없다. 그러나 니체가 『안티크리스트』의 「잠언 38」에서 신, 신의 나라, 신의 의지라는 말의 발명자로서 성직자가 '현실'에 대해서 생각하고 있는 바를 이해시켜 주는 부분은 있다. 그것은 기독교적 신 신앙에 대한 심리학적 설명의 저급한 스타일이 되고 있다.

니체는 단지 기독교에 대한 통속적인 비판이 보여 주는 바와 같이, 성직자의 정체를 기생충적 생존형식으로 확인시킨 정련된 기만으로서만 간주하고 있다. 그러나 그것은 많은 공명에도 불구하고 니체의 비판적 수준으로서는 명백히 저급한 상태에 놓여 있다. 특히 니체가 십자가에 못 박힌 자를 여하튼 기독교의 긴 허구의 역사에 있어 유일한 '사실'로서 승인하고 있기 때문에, 가령 우리가 십자가에 못 박힌 자를 '현실'의 발명자가 아니라 '현실'의 중보자仲保者로 생각할 경우 그것은 니체에 있어서는 의심의 여지가 없다. 우리가 또한 니체에게 있어 기독교란 '복음의 사자'가 "자기 아래에, 자기의 배후에 있다고 느끼고 있었던" 것이라고 생각할 경우에도 예수와 그의 창설로서 일컬어지는 것과의 대결은 그에게 있어서는 후자에 대해서 치명적이도록 마무

리되고 있는 것으로 생각될 것이다.

니체와 예수 간의 관계는 그가 이러한 전략을 세웠을 때는 분명히 깨져 있었다. 더욱이 니체는 예수를 기독교와 첨예하게 대립한 위치에 가져다 놓고 있다. 그러나 니체는 예수와 기독교를 반목하게 하여 어부지리를 얻자는 생각에는 미치지 않고 있다. 그러므로 그가 비록 전적으로 자기전열自己戰列을 세우고 있다고 하더라도 단순한 구조에 머물러 있을 뿐이다. 하여간 니체의 '반기독교적인' 예수상을 고려할 가능성은 충분하다.

6. 예수의 모방자

분석철학에 의하면 재발견된 철학자이면서 신학자인 프란츠 브렌타노Franz Brentano는 '비교에 의한 니체 평가'와는 아주 다른 방향으로 나아갔다. 비록 그가 『예수의 모방자로서의 니체』라는 그의 저서명을 통해서 니체가 불의의 죽음을 당한 예수를 모방하고자 했지만 실패하고 말았다는 사실을 암시하고 있다고 하더라도, 이러한 제목을 가진 저서를 저술함으로써 그는 모든 형태의 비교 가운데 가장 대담하고 모험적인 비교를 제공한 것이다. 여하튼 그는 이러한 형태의 비교에서 많은 일치점을 나타내 보이고 있다. 그는 예수를 어두움 가운데서 빛난 빛으로 이해한 바와 같이 니체에 대해서도 역시 '빛의 충만'으로서 감지했다. 예수가 전권을 가지고 말한 바와 같이 니체 역시 증거를 제시하는 대신 명령하고 판결하는 일에 전념하고 있다. 예수가 회개를 외친 바와 같이 니체 역시 모든 가치의 가치전환을 요구한다. 예수가 "자기 내부에서 시간의 충만이 왔다"라는 의식 속에서 살았던 바와 같이 니체 역시 자기 자신을 시간의 흐름 속에 죄어들고 있는, 즉 인류 역사의 진행방향을 바꾸어 놓은 하나의 사건으로 느꼈다.

비록 예수를 모범으로 받아들이고 있다고 하더라도 니체는 예수를 모방만 하고자 한 것이 아니라 오히려 예수를 능가하고 극복하고자 시도한다. 특히 위버멘쉬의 냉정 mitleidlosigkeit에 관한 니체의 가르침은 결국 다른 사람들처럼 동정과 연민에 의존하지 않았던 자기의 전 생애로 말미암아 부정되고 있다. 그러므로 예수를 모방하고자 하는 니체의 시도는 회화에 빠지고 만다. 이와 같은 모순에도 불구하고 예수와의 유사성에 관하여 말하는 자는 웃음거리가 될 뿐만 아니라, 비록 니체가 기독교에 대한 모방적인 비판을 통해서 이러한 비교를 스스로 촉발하지는 않았다고 하더라도 니체의 노여운 항의를 받을 것이다. 그러나 그와 동시에 브렌타노는 그가 시도했던 비교의 불가능성을 시인하고 있을 뿐만 아니라, 그러한 비교를 현실적으로 관찰한 것 이상으로 하나의 문제점으로 제기하고 있음을 암시한다. 사실 니체의 입장에서는 브렌타노가 제기한 문제점을 더욱더 구체적으로 추구하고 니체와 예수 간의 실제적인 관계를 하나의 문제점으로 삼는 것만으로도 충분히 만족스럽다.

이러한 관계의 흔적을 추적하기 위해 우리는 지금까지 획득한 세 가지 결과들을 염두에 두어야 한다.

첫째, 니체의 기독교 비판과 그리스도 비판에 있어서의 현저한 차이이다. 둘째, 니체가 그리스도와 기독교를 분극화分極化한 것이다. 셋째, 니체의 비판 스타일이다.

니체가 기묘하게도 예수상을 그의 기독교 비판의 사격 지역으로부터 빼내고 있다는 것은 이미 항상 고찰되어 왔고 또 동시에 야스퍼스에 의하여 가장 명백하게 고찰된 것이다. 야스퍼스는 니체가 계획했던 직관적인 '예수의 본질의 상'과 똑같은, 경탄할 만한 예수상에 관해서 말하고 있다. 더욱이 니체가 신약의 증언들에 대한 제멋대로의, 하지만 주목할 만한 가치가 있는 신중한 평가에서 예수를 묘사하고 있는 바와 같이 예수가 "기독교의 역사와는 본래 아무런 관계도 없다"는 고찰 역시 야스퍼스로부터 비롯한다. 왜냐하면 근본적으로 "단지 한 사람의 그리스도만이 존재하고 있고 그는 십자가에 못 박혀 죽었다"라고 니체는 생각하고 있기 때문이다. 따라서 니체가 계획한 예수상은 최고의 관심사이다. 하여간 니체는 모든 독단적·역사적 매개의 저편에서 예수를 바라보는 데 성공하고 있다.

7. 기독교의 궁중 익살광대

만년의 니체가 떠맡았던 바보 역할은 기독교와 관계하고 있는 것이지 신에 대한 비판과 관계하고 있는 것이 아니라는 데는 더욱더 모순의 여지가 있다. 그렇다고 하더라도 우리는 니체가 신에 대한 투쟁을 결코 목적 자체로 서두르고 있지 않다는 사실을 이러한 맥락에서 생각하지 않으면 안 될 것이다. 그의 무신론이 오버베크의 판단에 의하면 세계에의 탐색에 도움이 되고 있는 바와 같이 그는 자기의 무신론을 가지고 기독교와 교회에 대해 결정적인 타격을 가한다.

니체의 체계 비판의 전략에 의하면 기독교적 교의체계는 그 중심 개념이 최초에 교의의 구조로부터 나왔기 때문에 와해되지 않을 수밖에 없다. 우리가 안젤름Anselm에 의하여 창작된 멍청이라는 인물상과 니체가 연출한 어릿광대의 익살, 이 양자가 속하는 위대한 전통을 주시할 경우 긴장의 여지는 완전히 사라진다. 이 위대한 전통은 교부시대의 기독교의 길을 통과하여 볼프람Wolfram의 「파르치팔Parzival」, 세르반테스Cervantes의 「돈키호테Don Quixote」, 하우프트만Hauptmann의 「크리스토, 엠마누엘 퀸트에서의 바보Der Narr in Christo, Emanuel Quint」에 문학적으로 반영된 신성한 바보들의 긴 계열을 형성한다.

니체가 『이 사람을 보라』라는 격정적인 제목을 붙인 자화상에서, 하필이면 그가 '어릿광대'로서 파악되고 있다는 사실을 우리가 분명히 인식할 경우 최후의 전망이 트인다. 이러한 관점에서 볼 때 예수가 루가복음의 그리스도 수난에 의하면 헤로데 왕(23장 6절-16절) 앞에서, 그 밖의 복음서에 의하면 총독관저(마가복음 15장 16절-20절)에서 그리고 이전에 이미 감시원(루가복음 22장 63절)에 의하여 여러 차례 가해지고 있던 것을 참고 견딜 수밖에 없었던 우롱을 상기하게 된다.

우리가 이러한 모습의 맥락을 감히 단어 가운데서 파악하고자 할 경우 그것은 니체가 ―비판자와 바보의 역할이라는 이중적인 은폐 아래― '복음의 사자'의 흔적을 추적하는 방향으로 그리고 이러한 혈흔이 돋보이는 곳을 향해서 나아간다는 것을 의미한다.

어떤 점에서 니체는 기독교가 받고 있었던 비판에 대해서 부지런히 변호하고자 힘썼던 기독교 변호자들 이상으로 자신들의 반론을 통하여 더욱더 효과적으로 기독교적인 사상事象에 공헌했던 레싱 및 키르케고르와 동일한 대열에 들어간다.

기독교에서 습득한 것을 눈먼 사람의 눈을 뜨게 한 말들로 시사한 것은 니체가 국외자局外者로 하여금 유발한 습득의 기쁨들이었다. 이 습득의 기쁨들은 우유부단한 동시대인들에게 주어질 수 있는 기쁨들이었다.

여하튼 니체는 자신의 시각에서 볼 때 기독교도들이 거부한 것에 대해 그들로 하여금 눈을 바로 떠서 직시하도록 하기 위해 온갖 노력을 다했던 것으로 생각된다. 기독교도들은 생애의 마지막까지 그들의 눈을 뜰 수 있도록 하기 위해 살았던 이 성난 적대자에게 감사해야만 했다. 왜냐하면 도발은 실로 고통스럽지만, 진지한 찬성보다 더 도움이 되고 유익하기 때문이다.

약 어

숫자만 표기된 인용구의 출처는 니체 전집(니체의 여동생 엘리자베트
니체Elisabeth Nietzsche가 편집·발간한 8절지 판본Kleinoktavausgabe 16권)
이다. 로마자는 권수卷數, 아라비아 숫자는 면수面數, page를 가리킨다.

A   『안티크리스트Der Antichrist』

EH   『이 사람을 보라Ecce Homo』

           「왜 나는 하나의 운명인가Warum ich ein Schicksal bin」§1

           「왜 나는 이렇게 좋은 책을 쓰는가Warum ich so gute Bücher
           schreibe」§5

FW   『즐거운 지식Die Fröhlich Wissenschaft』

GA   오이겐 비저Eugen Biser, 『니체의 기독교 비판Gottsucher oder
           Antichrist: Nietzsches provokative Kritik des Christentums』

Gast   니체가 평생 자신을 따라다닌 제자이자 실패한 음악가인
           페터 가스트에게 보낸 편지.

GD   『우상의 황혼Götzen-Dämmerung』

GM   『도덕의 계보Zur Genealogie der Morals』

KSA	『니체 전집 15권*Friedrich Nietzsche: Sämtliche Werke. Kritische Studien-* *ausgabe in 15 Bänden*』
UB	『반시대적 고찰*Unzeitgemässe Betrachtungen*』
ZA	『차라투스트라는 이렇게 말했다*Also sprach Zarathustra*』 제1부「증여하는 덕*Von der schenkenden Tugend*」§3
FN	루 안드레아스 살로메Lou Andreas Salomé,『작품에 있어서 프 리드리히 니체*Friedrich Nietzsche in seinen Werken*』
RPD	하이네Heine,『독일에 있어서의 종교와 철학의 역사*Zur Ge-* *schichte der Religion und Philosophie in Deutschland*』